车辆工程专业概论

主　编　张兰春　王　程　刘　炜
副主编　王群山　张庆永　陆兆纳

北京理工大学出版社
BEIJING INSTITUTE OF TECHNOLOGY PRESS

版权专有 侵权必究

图书在版编目（CIP）数据

车辆工程专业概论/张兰春，王程，刘炜主编. —北京：北京理工大学出版社，2019.6（2023.8重印）

ISBN 978-7-5682-7121-9

Ⅰ.①车⋯ Ⅱ.①张⋯ ②王⋯ ③刘⋯ Ⅲ.①车辆工程－高等学校－教材 Ⅳ.① U27

中国版本图书馆 CIP 数据核字（2019）第 106347 号

出版发行 / 北京理工大学出版社有限责任公司
社　　址 / 北京市海淀区中关村南大街 5 号
邮　　编 / 100081
电　　话 /（010）68914775（总编室）
　　　　　（010）82562903（教材售后服务热线）
　　　　　（010）68944743（其他图书服务热线）
网　　址 / http：//www.bitpress.com.cn
经　　销 / 全国各地新华书店
印　　刷 / 北京国马印刷厂
开　　本 / 787 毫米 × 1092 毫米　1/16
印　　张 / 8.25　　　　　　　　　　　　　　　责任编辑 / 张鑫星
字　　数 / 195 千字　　　　　　　　　　　　　文案编辑 / 张鑫星
版　　次 / 2019 年 6 月第 1 版　2023 年 8 月第 3 次印刷　责任校对 / 周瑞红
定　　价 / 32.00 元　　　　　　　　　　　　　责任印制 / 李志强

图书出现印装质量问题，请拨打售后服务热线，本社负责调换

前　言

本书是为适应21世纪汽车工业的快速发展和高校应用型创新人才培养目标的需求，在总结多年来专业教学经验和科学研究成果的基础上编写的。

本书在汽车类专业核心课程体系中具有独特的引导作用，可使大学新生对车辆工程、汽车服务工程等专业的培养目标、毕业要求、开设课程等有个全面的认识，对汽车构造、汽车原理等有个初步的了解，培养学生的专业意识，进而提高后续课程学习的针对性和有效性。

本书在编写过程中，注重所选内容的系统性和先进性。编排的原则是由浅入深、循序渐进，从车辆工程专业的人才培养目标和课程体系入手，既介绍汽车工业的发展历史和发展进程，又介绍车辆工程专业的基础知识以及当前汽车发展的最新技术和研究热点。此外，从拓展大学生课外学习途径和提升创新实践能力的角度出发，介绍了针对车辆工程专业的相关学科竞赛情况以及车辆工程专业毕业生就业后常用的一些软件。本书内容与我国目前的汽车产业紧密结合，取材新颖、图文并茂、结构严谨，在文字叙述上力求简洁易懂。

本书共有5章，第1章介绍了目前国内几所高校车辆工程专业的培养目标，以编者单位为例，详细介绍了车辆工程专业的人才培养方案和课程体系构成以及与汽车服务工程专业的差异；第2章介绍了国内外汽车工业的发展概况及发展历程，使学生了解国内外汽车工业发展现状和趋势，明确以后的就业发展方向；第3章介绍了汽车构造的基础知识和汽车运行的基本原理，引导学生对专业课程产生兴趣，为后续深入学习专业课程奠定基础；第4章介绍了当前汽车发展的各类最新技术，为学生以后学习和创新实践指明方向；第5章介绍了针对车辆工程专业大学生创新竞赛方面的知识，为大学生课外学习拓展提供了方向，并详细介绍了车辆工程专业需要了解和掌握的常用软件，为专业学习及以后的就业提供知识和能力储备。

本书第1章由张兰春老师和王群山老师编写，第2章由陆兆纳老师编写，第3章由王程老师编写，第4章由刘炜老师编写，第5章由张庆永老师编写。另外，李国庆、郑焱、李波、王天波等老师也参加了本书部分内容的编写和修订工作，全书由张兰春教授统稿。

本书在编写过程中参阅了相关的教材、资料和文献，在此对相关作者表示衷心的感谢！由于编者水平有限，书中难免存在不足和疏漏之处，恳请读者批评指正。

编　者

目　　录

第1章　车辆工程及汽车服务工程专业介绍 1
  1.1　车辆工程与汽车服务工程专业培养目标 1
  1.2　车辆工程及汽车服务工程专业的人才素质 4
    1.2.1　人才素质的基本要求 4
    1.2.2　人才素质的构成 5
  1.3　车辆工程专业的课程设置 5
    1.3.1　课程结构及学分比例 5
    1.3.2　课程设置与教学计划 6
  1.4　汽车服务工程专业的课程设置 10
    1.4.1　课程结构及学分比例 10
    1.4.2　课程设置与教学计划 11

第2章　汽车及汽车工业的发展历程 16
  2.1　汽车发展简史 16
    2.1.1　蒸汽汽车 16
    2.1.2　内燃机汽车 18
    2.1.3　电动汽车 21
  2.2　国外汽车工业发展状况 23
    2.2.1　欧洲汽车工业发展状况 23
    2.2.2　美国汽车工业发展状况 26
    2.2.3　亚洲汽车工业发展状况 27
  2.3　国内汽车发展状况 31
    2.3.1　中华人民共和国成立后汽车工业的发展 31
    2.3.2　中国汽车工业的现状 36

第3章　汽车的基本结构和工作原理认知 38
  3.1　汽车类型与国产汽车产品型号编制规则 38
    3.1.1　汽车的分类 38
    3.1.2　国产汽车产品型号编制规则 40
  3.2　汽车构造 41
    3.2.1　发动机 41
    3.2.2　底盘 54
    3.2.3　车身 60
    3.2.4　电气设备 62

3.3 汽车行驶原理 ... 67
3.3.1 汽车的驱动力与行驶阻力 ... 67
3.3.2 汽车行驶的附着条件 ... 73
3.4 汽车的性能指标 ... 75
3.4.1 汽车的动力性 ... 75
3.4.2 汽车的燃油经济性 ... 76
3.4.3 汽车的制动性 ... 76
3.4.4 汽车的操纵稳定性 ... 77
3.4.5 汽车的平顺性 ... 77
3.4.6 汽车的通过性 ... 78
3.4.7 汽车的环保性 ... 78
3.4.8 汽车的安全性 ... 79

第4章 汽车学科的前沿技术 ... 81
4.1 机械新技术 ... 81
4.1.1 可变压缩比技术 ... 81
4.1.2 增压发动机 ... 81
4.1.3 混合动力 ... 82
4.2 电子新技术 ... 83
4.2.1 自适应巡航控制系统 ... 83
4.2.2 自动泊车系统 ... 83
4.2.3 车载智能前照灯光系统 ... 84
4.2.4 车载抬头显示系统 ... 84
4.2.5 自动防炫目后视镜 ... 84
4.3 安全新技术 ... 85
4.3.1 车载红外夜视系统 ... 85
4.3.2 爆胎监测与安全控制系统 ... 85
4.3.3 不用充气的轮胎 ... 86
4.3.4 电子稳定装置 ... 87
4.3.5 车辆预防疲劳驾驶系统 ... 88
4.3.6 车辆防追尾系统 ... 89
4.3.7 车辆并线辅助系统 ... 90
4.4 新技术展望 ... 91

第5章 车辆工程专业课外实践拓展 ... 93
5.1 车辆工程专业的学科竞赛 ... 93
5.1.1 全国大学生数学建模竞赛 ... 93
5.1.2 全国周培源大学生力学竞赛 ... 94
5.2 车辆工程专业的创新大赛 ... 95
5.2.1 全国大学生"飞思卡尔"杯智能汽车竞赛 ... 95
5.2.2 全国大学生机械创新设计大赛 ... 96

5.2.3	中国大学生方程式汽车大赛	97
5.2.4	Honda 中国节能竞技大赛	98
5.2.5	"英特尔杯"全国大学生电子设计竞赛——嵌入式系统专题邀请赛	99
5.2.6	全国大学生节能减排社会实践与科技比赛	100
5.2.7	中国机器人大赛	101
5.2.8	"挑战杯"竞赛	102
5.2.9	全国大学生电子设计竞赛	103

5.3 汽车设计、仿真及加工制造等相关工程软件简介 104
   5.3.1 CAD 104
   5.3.2 CAE 105
   5.3.3 CAPP 107
   5.3.4 CAM 108
   5.3.5 CAD、CAE 常用软件 110
   5.3.6 MATLAB 119

参考文献 122

第1章 车辆工程及汽车服务工程专业介绍

1.1 车辆工程与汽车服务工程专业培养目标

1. 车辆工程专业培养目标

当前,国内高校开设的车辆工程专业的培养目标主要包括以下几类:

(1) 车辆工程专业是研究汽车、拖拉机、机车车辆、军用车辆及其他工程车辆等陆上移动机械的理论、设计及制造技术的工程技术领域。其工程硕士学位授权单位培养从事上述车辆研究、设计开发、生产制造、质量检测和控制、使用和维修、相关检测装置和仪器开发的高级工程技术人才。

(2) 车辆工程专业注重综合素质和创新能力的培养,重视教育与社会需求相结合、理论与实践相结合。着力培养知识结构合理、具有创新精神及坚实工科背景的,能从事汽车工程技术领域设计制造、科研开发、应用研究、经营管理和市场营销等工作的复合型高级专业人才。

(3) 车辆工程专业培养掌握机械、电子、计算机等全面工程技术基础理论和必要专业知识与技能,了解并重视与汽车技术发展有关的人文社会知识,能在企业、科研院(所)等部门,从事与车辆工程有关的产品设计开发、生产制造、试验检测、应用研究、技术服务、经营销售、管理等方面工作,具有较强实践能力和创新精神的高级专门人才。本专业主要要求学生系统学习和掌握机械设计与制造的基础理论,学习微电子技术、计算机应用技术和信息处理技术的基本知识,受现代机械工程的基本训练,具有进行机械和车辆产品设计、制造及设备控制、生产组织管理的基本能力。

(4) 车辆工程专业以汽车产业人才需求为导向,以汽车工程技术专业能力为主线,以培养技术应用型汽车工程师基本素质为目标,培养创新能力强、能在汽车工程技术领域从事汽车整车及其零部件数字化设计、汽车电子产品及控制系统设计、制造、试验、测试等相关岗位工作,具有继续学习能力、创新性潜质及国际视野的高级工程应用型人才。

由此可见,对于车辆工程专业,各个学校的研究对象是不同的,有的学校研究汽车,有的学校研究工程机械,有的学校研究军用车辆,有的学校研究轨道车辆,有的学校研究摩托车,有的学校研究拖拉机。即使研究对象相同,各个学校的研究侧重点也不一定相同。

我国几所高校车辆工程专业培养目标见表1-1。

表 1-1 我国几所高校车辆工程专业培养目标

学校名称	车辆工程专业培养目标
某高校一	学生应掌握扎实的基础理论、专业基础理论和专门知识及基本技能，并掌握一定的人文社科、经济管理、环境工程等方面的基本理论，具有较强的创意能力，能胜任与汽车工程相关的科学研究、技术开发、教学及管理工作
某高校二	培养从事车辆设计、制造、实验研究以及经营管理等工作的复合型高级专门人才。专业内容包括：整车和总成的现代设计理论及方法，整车和总成的性能评估方法，车辆的性能实验技术及制造工艺知识，汽车电子技术等。毕业生可在有关公司企业、研究设计院（所）、高等院校和管理部门从事车辆方面的研究与设计、产品开发、制造、实验、教学、管理、营销等工作
某高校三	旨在培养知识结构合理、具有创新精神的从事以汽车为主的车辆设计、制造、研究、实验、运用与管理等工作的高级技术人才。通过学习，毕业生应具有扎实的数学、力学、电工电子学、计算机应用及车辆工程等方面的基础理论和相关的专业知识，掌握现代汽车的设计理论与运用技术。通过学习，学生具备进行汽车研究、设计、制造与开发、试验与检测、维修与管理的能力
某高校四	本专业以汽车产业人才需求为导向，以汽车工程技术专业能力为主线，以培养技术应用型汽车工程师基本素质为目标，培养创新能力强、能在汽车工程技术领域从事汽车整车及其零部件数字化设计、汽车电子产品及控制系统设计、制造、试验、测试等相关岗位工作，具有继续学习能力、创新性潜质及国际视野的高级工程应用型人才
某高校五	本专业培养适应社会主义现代化建设和地方经济社会发展需要，德智体美全面发展，具有创新创业精神和社会责任感，掌握机械工程基础知识与车辆工程专业知识，具备较强的汽车设计、制造等方面的工程实践能力，面向汽车及零部件等相关行业与工程领域，从事汽车及相关领域的产品开发、生产制造等方面工作，获得一线工程师基本训练的应用型高级工程技术人才
某高校六	本专业包括节能与新能源汽车、汽车服务和城市轨道车辆三个专业模块，培养适应经济建设和社会发展需要，德、智、体全面发展，具备较扎实的理论基础、较宽的知识面，掌握车辆专业知识及技术的应用型车辆工程高级技术人才
某高校七	车辆工程是隶属机械工程学科的二级学科，其研究对象是汽车、工程车辆、拖拉机、军用车辆及陆上移动机械的理论设计与技术问题。车辆工程不仅涉及力学、机械设计及理论、金属材料、化工等传统学科，而且已拓展到计算机、电子技术、测试计量技术、控制技术、能源科学、环境保护等新兴学科。具备扎实的车辆工程基础知识与基本技能，能在科研院所、企业、高新技术公司从事各种车辆的研究、设计、制造、检测、实验、开发、应用等工作以及能从事车辆管理、经营销售的高级工程技术人才
某高校八	本专业培养德智体全面发展，能适应经济建设和技术发展需要，具有创新观念、掌握扎实的理论知识和必要的专业知识与技能，具备较强的技术综合实现能力的应用型高级专门人才。毕业生能在汽车制造业、汽车服务业、工程机械制造业等行业或部门，从事与车辆工程有关的设计、制造、检测、试验、维修、服务、运用、管理、营销、保险、科研等方面工作

2. 汽车服务工程培养目标

当前，国内很多高校在开设车辆工程专业的同时还开设了汽车服务工程专业，因为这两个专业都和汽车有关，为了让学生更好地了解两者之间的差异，本章也对汽车服务工程专业进行了简单的概述。

汽车服务工程专业的培养目标主要包括以下两类：

（1）汽车服务工程专业旨在培养汽车服务、汽车营销与保险方面的复合型高级技术人才。了解国内外汽车营销市场及汽车售后服务业的发展趋势，具备现代经营管理的基础知识和汽车售后服务的基本技能，具有从事汽车营销、售后服务、汽车保险与理赔车辆鉴定评估以及金融保险等汽车服务工作的能力。

（2）汽车服务工程专业培养具有扎实的汽车技术和汽车服务理论基础，能够适应汽车技术服务、贸易服务、车辆检测维修等汽车服务领域工作的高级工程人才。主要学习汽车技术、汽车运用、汽车服务等领域的基本理论知识，接受现代汽车诊断、检测与维修技术、汽车营销和其他汽车服务的系统训练，具有从事汽车技术服务的基本能力。

我国几所高校汽车服务工程专业培养目标见表1－2。

表1－2 我国几所高校汽车服务工程专业培养目标

学校名称	汽车服务工程专业培养目标
某高校一	本专业主要学习现代汽车技术及其应用服务的相关基础理论和专业知识，可获得汽车的市场营销、保险理赔、信息咨询、车辆评估、企业管理和检测设备设计等能力的培养。本专业毕业生适合在汽车制造、经销、维修、咨询、保险等企业及道路交通运输与公安交通管理部门、科研单位和各类院校工作
某高校二	本专业培养具有扎实的汽车产品知识和技术理论基础，必要的国际贸易、工商管理理论知识，一定的现代信息技术和网络技术知识，具备"懂技术，善经营，会服务"的能力素质，能够适应汽车生产服务、汽车营销服务、汽车技术服务、汽车金融服务、汽车运输服务等领域工作的高级复合型人才。学生毕业后能在汽车产品设计、汽车生产、汽车销售、汽车保险、汽车运输、物流经营等领域从事研究和管理工作，也可在大专院校从事教学和科研工作
某高校三	汽车服务工程专业以汽车服务产业人才需求为导向，以汽车工程技术服务为主线，以培养应用型"现场工程师"基本素质为目标，掌握扎实的汽车服务工程专业理论和实践知识，具备"懂技术、善经营、会服务"综合素质及解决复杂工程问题的能力，胜任汽车检测与故障诊断、汽车营销、二手车评估、保险理赔等相关岗位工作，具有继续学习能力、创新性潜质及国际视野的高级工程应用型人才。专业核心课程有汽车构造、汽车理论、汽车电器与电子控制技术、汽车检测与诊断技术、汽车服务工程等
某高校四	本专业培养适应社会主义现代化建设和地方经济社会发展需要，德智体美全面发展，具有创新创业精神和社会责任感，掌握扎实的汽车技术和汽车服务理论知识，具备汽车营销与服务、汽车维修与诊断、汽车保险与理赔等基本能力，面向汽车售后技术市场，从事汽车维修与故障诊断、汽车销售与保险理赔等方面工作，获得汽车销售、汽车技术服务、汽车运用与管理等一线工程师基本训练的应用型高级工程技术人才
某高校五	汽车服务专业涵盖面相对较宽，涉及的业务门类归属政府管理部门多，如汽车维修归属交通部门，汽车营销与二手车流通归属商务部门，汽车保险归属银保监会，交通事故鉴定归属公安部门，等等。其学科具有明显的应用性、综合性或复合性特点。专业办学：坚持技术立足，突出能力培养，兼顾经营管理知识，重视沟通能力、团队意识和身心素质，培养"懂管理的工程技术人才"。本专业学生主要学习汽车技术、市场营销、汽车保险理赔等方面的基本理论和基本知识，受到汽车诊断检测与维修、市场调查、汽车营销、汽车事故勘查和汽车新产品规划等方面的基本训练，掌握汽车技术服务、汽车营销服务、汽车理赔服务和汽车新产品规划等方面的基本能力

续表

学校名称	汽车服务工程专业培养目标
某高校六	本专业培养德智体全面发展，能适应经济建设和技术发展需要，具有创新观念、掌握扎实的理论知识和必要的专业知识与技能，具备较强的技术综合实现能力的应用型高级专门人才。毕业生能在汽车制造业、汽车服务业、工程机械制造业等行业或部门，从事与车辆工程有关的设计、制造、检测、试验、维修、服务、运用、管理、营销、保险、科研等方面工作
某高校七	培养学生掌握汽车技术服务、汽车商务管理、新能源汽车等领域的基本理论知识，具备汽车检测与故障诊断、汽车营销、二手车评估、保险理赔、新能源汽车服务等工作技能的高素质应用型人才。主修工程图学、工程力学、机械设计基础、电工与电子技术基础、汽车构造、汽车电器与电子设备、汽车理论、汽车发动机原理、汽车服务工程、汽车检测与故障诊断技术、汽车营销与策划、汽车电控技术、纯电动汽车电机控制技术、纯电动汽车电池及管理系统等

下面以江苏理工学院车辆工程和汽车服务工程为例，详细介绍两个专业的人才培养要求和对应的课程设置。

1.2 车辆工程及汽车服务工程专业的人才素质

1.2.1 人才素质的基本要求

车辆工程及汽车服务工程专业人才素质的要求如下。

（1）工程知识：能够掌握本专业所需的数学、自然科学、工程基础和专业知识，并将所学知识运用于解决复杂的工程问题。

（2）问题分析：能够综合运用数学、自然科学和工程科学的基本原理和方法，并通过文献研究，对复杂工程问题进行识别、分析和表达，以获得有效结论。

（3）设计/开发解决方案：能够设计针对复杂工程问题的解决方案，设计满足特定需求的系统，并能够在设计环节中体现创新意识，考虑社会、健康、安全、法律、文化以及环境等因素。

（4）研究：能够基于科学原理并采用科学方法对复杂工程问题进行研究，包括设计实验、分析与解释数据，并通过信息技术综合得到合理有效的结论。

（5）使用现代工具：能够针对复杂工程问题，开发、选择与使用恰当的技术、资源、现代工程工具和信息技术工具，包括对复杂工程问题的预测与模拟，并能够理解其局限性。

（6）工程与社会：能够基于工程相关背景知识进行合理分析，评价专业工程实践和复杂工程问题解决方案对社会、健康、安全、法律以及文化的影响，并理解应承担的责任。

（7）环境和可持续发展：能够理解和评价针对复杂工程问题的专业工程实践对环境、社会可持续发展的影响。

（8）职业规范：具有人文社会科学素养、社会责任感，能够在工程实践中理解并遵守工程职业道德和规范，履行责任。

（9）个人和团队：具备良好的团队合作能力，能够在多学科背景下的团队中承担个体、团队成员以及负责人的角色，并承担其责任与义务。

（10）沟通：能够就复杂工程问题与业界同行及社会公众进行有效沟通和交流，包括撰写报告和设计文稿、陈述发言、清晰表达和答辩。掌握一门外语，能够阅读相关的外文资料，具备一定的国际视野，能够在跨文化背景下进行沟通和交流。

（11）项目管理：理解并掌握工程管理原理与经济决策方法，并能在多学科环境中应用。

（12）终身学习：具有自主学习和终身学习的意识，能够追踪相关领域的发展动态，有不断学习和适应发展的能力。

1.2.2　人才素质的构成

车辆工程和汽车服务工程专业人才素质的构成包括专业素质、思想道德素质和文化素质三方面内容。

专业素质方面，要求具有一定的抽象思维、形象思维和逻辑思维能力，善于进行独创性思维，发现新问题、研究新情况、提出新观点；具有敏锐的创新精神和艰苦创业精神，善于利用现有技术开创新的应用领域；善于用理论指导工程应用；掌握将科学知识用于具体装置的研制和设计以及解决工程问题的方法，具有一定的设计技巧；具有工程意识、市场意识、知识产权意识、法律意识和政策意识；重视科研成果直接转化为生产力，使技术与经济契合，满足市场需求。

思想道德素质方面，要求较好地学习马列主义、毛泽东思想、邓小平理论、"三个代表"重要思想和科学发展观，学习习近平新时代中国特色社会主义思想，能运用马克思主义的立场、观点、方法去分析和解决实际问题，具有爱国主义、集体主义精神，具有追求真理的科学精神；懂得现代科学技术及其对经济社会发展的促进作用；能遵守社会公德和相关职业道德，能正确对待自己、他人、集体、社会、国家、全人类和环境，具有一定的民族意识、诚信意识和团结意识。

文化素质方面，要求具有良好的科学、文学修养，能较好地继承传统文化和世界文化的精华，具有辨别真、善、美和假、丑、恶的能力，具备开放的意识，能够迅速适应环境的变化，能与不同文化背景、不同文化层次、甚至不同语言的人共同工作；具有清晰的表达能力、协调能力和攻关豁达的性格与乐观的态度。

1.3　车辆工程专业的课程设置

1.3.1　课程结构及学分比例

车辆工程专业课程包括通识教育课程、学科专业基础课程、专业课程以及集中实践教学环节四个部分，总共 180 个学分，各个部分学分所占比例分别为 23.33%、41.39%、15.28%、20%。课程结构及学分比例见表 1-3。

表 1-3 课程结构及学分比例

课程类别	课程性质	理论学时	实验(其他)学时	学分数	比例/%	
通识教育课程	必修	544	112	36	20	23.33
	选修			6	3.33	
学科专业基础课程	必修	1 056	144	72.5	40.28	41.39
	选修			2	1.11	
专业课程	必修	236	76	19.5	10.84	15.28
	选修			8	4.44	
集中实践教学环节		—	—	36	20	20
第二课堂		—	—	—	—	—
合计		—	—	180	100	100

1.3.2 课程设置与教学计划

1. 通识教育课程

通识教育是教育的一种,这种教育的目标是:在现代多元化的社会中,为受教育者提供通行于不同人群之间的知识和价值观。通识教育课程见表 1-4。

表 1-4 通识教育课程

课程性质	序号	课程代码	课程名称	学分数	学时数	学时类型 理论	学时类型 实验	学时类型 其他	开课学期和周学时分配 一	二	三	四	五	六	七	八	成绩考核 考试	成绩考核 考查
必修	1	A113012	马克思主义基本原理	3	48	40		8			3						√	
	2	A170001	毛泽东思想和中国特色社会主义理论体系概论	6	96	48		48						6			√	
	3	A113028	中国近现代史纲要	2	32	24		8	2								√	
	4	A113037	思想道德修养与法律基础	3	48	32		16	3									√
	5	A170002	形势与政策	2	32			32	2					2				√
	6	A120012	军事理论	2	32	32									2		√	
	7	A136058	大学英语A	12	192	192			4	4	4						√	
	8	A150001	体育	4	144	144			2	2	2	2					√	
	9	A190016	职业生涯规划与创业就业指导	2	32	32			2					2				√
			小计	9门	36	656	544		112									
选修	注:至少选修6学分																	

2. 学科专业基础课程

学科专业基础课程既有其学科的特殊性，又有很强的与专业课程紧密相连的基础性。对专业基础课知识的掌握和运用程度，直接影响学生专业课程的学习和从事专业工作的能力。专业基础课程由于课程的名词概念、规定、规则多，部分内容又较抽象，具体学习有一定难度。专业基础课程是进一步学习专业理论课和其他技术课的基础，是奠基石。学科专业基础课程见表1-5。

表1-5 学科专业基础课程

课程性质	序号	课程代码	课程名称	学分数	学时数	学时类型			开课学期和周学时分配								成绩考核	
						理论	实验	其他	一	二	三	四	五	六	七	八	考试	考查
必修	1	A121025	高等数学A	10	160	160			4	4							√	
	2	A121033	线性代数A	3	48	48					4						√	
	3	A121032	概率论与数理统计B	2	32	32						4						√
	4	A123001	大学物理	5.5	88	88				4	4						√	
	5	A124009	物理实验	1.5	48		48			3	3						√	
	6	A120006	复变函数与积分变换	2	32	32							4				√	
	7	A331146	工程化学	2	32	32				4							√	
	8	A122117	计算方法	2	32	32								4			√	
	9	A144017	程序设计（C）	3	64	32	32		6								√	
	10	A322090	机械制图（上）	3	48	48	0		4								√	
	11	A322091	机械制图（下）	2.5	40	28	12			4								√
	12	A313144	电工与电子技术	6	96	84	12				4	4					√	
	13	A340001	理论力学	4	64	60	4				6						√	
	14	A340002	材料力学	4	64	58	6					6					√	
	15	A321025	机械设计基础	6	96	88	8					6					√	
	16	A321161	机械制造基础	2	32	32							4					√
	17	A321136	机械精度设计与检测	2	32	24	8						4				√	
	18	A341047	工程材料与成形技术	2	32	26	6						4				√	
	19	A351071	单片机原理	3	48	40	8							4			√	
	20	A144011	计算机应用基础	2	32	32			4								√	
	21	A352005	专业概论	1	16	16			4									√
	22	A352063	工程热力学	2	32	32						4					√	
	23	A320030	流体力学	2	32	32					4							√

续表

课程性质	序号	课程代码	课程名称	学分数	学时数	学时类型			开课学期和周学时分配								成绩考核	
						理论	实验	其他	一	二	三	四	五	六	七	八	考试	考查
必修	24	A352070	液压与气动技术	2	32	32							4				√	
	25	A352101	汽车传感器与测试技术	2	32	28	4						4				√	
	26	A352102	控制技术基础	2.5	40	24	16						4					√
			小计	26门	79	1 304	1 140	164										
	注：至少选修2学分，"工程热力学"采用双语教学																	

3. 专业课程

专业课程的任务，是使学生掌握必要的专业基本理论、专业知识和专业技能，了解本专业的前沿科学技术和发展趋势，培养分析解决本专业范围内一般实际问题的能力。专业课程见表1-6。

表1-6 专业课程

课程性质	序号	课程代码	课程名称	学分数	学时数	学时类型			开课学期和周学时分配								成绩考核	
						理论	实验	其他	一	二	三	四	五	六	七	八	考试	考查
必修	1	A352074	汽车构造	7	112	56	56				4	4					√	
	2	A352071	汽车理论	3	48	42	6						4				√	
	3	A352006	汽车制造工艺	3	48	48							4				√	
	4	A352072	汽车设计	3	48	48									4		√	
	5	A352073	汽车电器与电子控制技术	3.5	56	42	14								4		√	
			小计	5门	19.5	312	236	76										
选修 模块1 (汽车数字化设计制造方向选修)	1	A352064	发动机原理	2	32	32							4					√
	2	A352051	汽车现代设计方法	2	32	32									4			√
	3	A352103	工程软件	2	32	32									4			√
	4	A352104	有限元分析	2	32	32									4			√
	5	A352105	汽车优化设计	2	32	32									4			√
	6	A352009	汽车车身设计	2	32	32									4			√
	7	A321148	数字化制造技术	2	32	32								4					√
	8	A352106	现代汽车生产与管理	2	32	32									4			√
	9	A351022	汽车排放与噪声控制	2	32	32									4			√
			小计	9门	18	288	288	0	0										
	注：至少选修8学分，"发动机原理"采用双语教学																	

续表

课程性质	序号	课程代码	课程名称	学分数	学时数	学时类型			开课学期和周学时分配								成绩考核	
						理论	实验	其他	一	二	三	四	五	六	七	八	考试	考查
选修 模块2（汽车电子控制方向选修）	1	A352107	汽车电子控制系统工程	2	32	32									4			√
	2	A351005	新能源汽车原理与构造	2	32	32								4				√
	3	A352108	新能源汽车能量管理系统	2	32	32									4			√
	4	A352109	汽车电驱动技术	2	32	32									4			√
	5	A352067	车联网技术	2	32	32										4		√
	6	A352066	汽车控制系统仿真	2	32	32										4		√
	7	A352110	汽车电路CAD	2	32	32										4		√
	8	A351016	汽车发动机管理系统	3.5	56	28	28									4		√
	9	A351002	汽车底盘控制系统	3.5	56	28	28									4		√
	小计		9门	21	336	280	56	0										
	注：至少选修8学分，"新能源汽车原理与构造"采用双语教学																	

4. 集中实践性教学环节

实践性教学环节是开放教育计划中的重要组成部分，是培养学生实践能力，提高学生全面素质的重要环节。随着教育改革的深化，我国的高等教育正逐步从传统的应试教育转变到素质教育的轨道上来，素质教育作为一种现代教育思想，它是以提高人的综合素质为目标的教育，它依据人的持续发展和社会持续进步的需要在掌握与培养能力的基础上以全面提高受教育者的素质为根本目标，以尊重学生的主体地位和主体精神为出发点，以注重开发人的潜能和创新能力，以及注重形成人的健全人格为根本特征。在新的形势下加强高校教学实践环节，培养学生实践能力至关重要。

现代教育理论在强调知识传授的同时，更加强调能力的培养，因为"能力"是构成现代人才，特别是应用型人才的重要因素。目前国内各大高校对实践性教学十分重视，除在教学计划和教学大纲教学实施意见等教学指令性文件中规定与明确相应的学分及要求外，还颁布了一系列加强实践性教学环节的意见予以强调，并利用教学检查和教学评估进行督导。下面对实践基地建设、实践教学体系的构建、教学方法的改革及实践教学基地的管理做些探讨。

集中实践性教学环节安排见表1－7。

表1-7 集中实践性教学环节安排

序号	课程代码	课程名称	学分数	周数	开课学期	起止周	成绩考核 考试	成绩考核 考查
1	A190007	军训与入学教育	2	2	第1学期	1~2		√
2	A325002	工业培训	1	1	第1学期			√
3	A322089	汽车零部件测绘	1	1	第2学期			√
4	A315031	电工电子实习	2	2	第4学期			√
5	A321032	机械设计课程设计	2	2	第4学期			√
6	A354001	单片机原理课程设计	2	2	第5学期	16~17		√
7	A352020	汽车性能测试综合实验	1	1	第6学期			√
8	A354002	汽车工程综合训练（方向1：数字化设计；方向2：电子控制系统设计）	8	8	第7学期			√
9	A352026	生产实习	2	2	第6学期			√
10	A352041	毕业设计	15	15	第8学期			√
		合　　计	36	36				

5. 第二课堂

第二课堂不计入总学分，但至少完成2学分。依托大学生成长服务平台（PU）实施，具体实施与认定按照有关文件规定执行。

1.4 汽车服务工程专业的课程设置

1.4.1 课程结构及学分比例

汽车服务工程专业课程包括通识教育课程、学科专业基础课程、专业课程以及集中实践教学环节四个部分，总共180个学分，各个部分学分所占比例分别为23.33%、42.78%、13.89%、20%。课程结构及学分比例见表1-8。

表1-8 课程结构及学分比例

课程类别	课程性质	理论学时	实验（其他）学时	学分数	比例/%	
通识教育课程	必修	544	112	36	20.00	23.33
	选修			6	3.33	
学科专业基础课程	必修	1 072	168	75	41.67	42.78
	选修			2	1.11	

续表

课程类别	课程性质		理论学时	实验（其他）学时	学分数	比例/%	
专业课程	必修		214	90	19	10.56	13.89
	选修	模块1	200	40	6	3.33	
		模块2	240		6		
集中实践教学环节			—	—	36	20.00	20
第二课堂			—	—	—	—	—
合　计					186	100	100

1.4.2 课程设置与教学计划

1. 通识教育课程

通识教育是教育的一种，这种教育的目标是：在现代多元化的社会中，为受教育者提供通行于不同人群之间的知识和价值观。通识教育课程见表1－9。

表1－9　通识教育课程

课程类别	序号	课程代码	课程名称	学分数	学时数	学时类型			开课学期和周学时分配								成绩考核	
						理论	实验	其他	一	二	三	四	五	六	七	八	考试	考查
必修	1	A113012	马克思主义基本原理	3	48	40		8			3						√	
	2	A170001	毛泽东思想和中国特色社会主义理论体系概论	6	96	48		48						6			√	
	3	A113028	中国近现代史纲要	2	32	24		8									√	
	4	A113037	思想道德修养与法律基础	3	48	32		16	3									√
	5	A170002	形势与政策	2	32			32	1.5					0.5				√
	6	A120012	军事理论	2	32	32								2			√	
	7	A136058	大学英语A	12	192	192			4	4	4						√	
	8	A150001	体育	4	144	144			2	2	2	2					√	
	9	A190016	职业生涯规划与创业就业指导	2	32	32			2					2				√
		小计	9门	36	656	544		112										
选修	注：至少选修6学分，各专业根据公选课目录自由选择																	

2. 学科专业基础课程

学科专业基础课程既有其学科的特殊性，又有很强的与专业课程紧密相连的基础性。对专业基础课程知识的掌握和运用程度，直接影响到学生专业课程的学习和从事专业工作的能力。专业基础课程由于课程的名词概念、规定、规则多，部分内容又较抽象，具体学习有一定难度。专业基础课程是进一步学习专业理论课和其他技术课的基础、是奠基石。学科专业基础课程见表 1–10。

表 1–10 学科专业基础课程

课程类别	序号	课程代码	课程名称	学分数	学时数	学时类型 理论	学时类型 实验	学时类型 其他	开课学期和周学时分配 一	二	三	四	五	六	七	八	成绩考核 考试	成绩考核 考查
必修	1	A121025	高等数学 A	10	160	160	0		5	5							√	
	2	A121033	线性代数 A	3	48	48	0				4						√	
	3	A121031	概率论与数理统计 A	3	48	48	0					4						√
	4	A120006	复变函数与积分变换	2	32	32	0						2				√	
	5	A122117	计算方法	2	32	32							2					√
	6	A123001	大学物理	5.5	88	88	0			4	4						√	
	7	A124009	物理实验	1.5	48	0	48			3	3							√
	8	A331146	工程化学	2	32	32	0			2								√
	9	A144011	计算机应用基础 A	2	32	理实一体			4									√
	10	A144005	程序设计（C）	3	64	32	32			4							√	
	11	A321105	机械制图（上）	3	48	48	0		4								√	
	12	A322094	机械制图（下）	2.5	40	28	12			4								√
	13	A313144	电工与电子技术	6	96	84	12			6	6						√	
	14	A340001	理论力学	4	64	60	4				4						√	
	15	A340002	材料力学	4	64	58	6					4					√	
	16	A321024	机械设计基础	4.5	72	64	8					4					√	
	17	A321136	机械精度设计与检测	2	32	24	8						4					√
	18	A341047	工程材料与成形技术	2	32	26	6						4					√
	19	A352070	液压与气动技术	2	32	32								4			√	
	20	A321162	机械制造基础	3	48	48	0							4			√	
	21	A351071	单片机原理	3	48	40	8						4				√	
	22	A351005	专业概论	1	16	8	8		4									√
	23	A351063	工程热力学	2	32	32					2						√	
	24	A351030	流体力学	2	32	32						2						√

续表

课程类别	序号	课程代码	课程名称	学分数	学时数	学时类型 理论	学时类型 实验	学时类型 其他	开课学期和周学时分配 一	二	三	四	五	六	七	八	成绩考核 考试	成绩考核 考查
选修	25	A351089	汽车传感器与测试技术	2	32	28	4							4				√
选修	26	A351062	控制技术基础	2.5	40	24	16							4				√
选修	27	A351114	工程软件	2	32	32										2		√
选修	28	A351082	有限元分析	2	32			32								2		√
		小计	28门	83.5	1376	1156	172	32										

注：至少选修2学分，"工程热力学"采用双语教学

3. 专业课程

专业课程的任务，是使学生掌握必要的专业基本理论、专业知识和专业技能，了解本专业的前沿科学技术和发展趋势，培养分析解决本专业范围内一般实际问题的能力。专业课程见表1-11。

表1-11 专业课程

课程性质	序号	课程代码	课程名称	学分数	学时数	学时类型 理论	学时类型 实验	学时类型 其他	开课学期和周学时分配 一	二	三	四	五	六	七	八	成绩考核 考试	成绩考核 考查
必修	1	A351102	汽车构造	7	112	56	56					4	4				√	
必修	2	A351039	汽车理论	3	48	42	6						4				√	
必修	3	A351051	汽车电器与电子控制技术	3.5	56	42	14								4		√	
必修	4	A351032	汽车检测与诊断技术	3.5	56	42	14									4	√	
必修	5	A351017	汽车服务工程	2	32	32	0							4				√
		小计	5门	19	304	214	90											
选修 模块1	1	A351064	发动机原理	2	32	32	0			2								√
选修 模块1	2	A351100	汽车设计	3	48	40	8								4			√
选修 模块1	3	A351074	汽车网络技术	2	32	32	0									4		√
选修 模块1	4	A351072	汽车可靠性技术	2	32	32	0								2			√
选修 模块1	5	A351022	汽车排放与噪声控制	2	32	32	0									2		√
选修 模块1	6	A351021	汽车测试与评价技术	2	32	32	0									2		√
选修 模块1	7	A351079	汽车数字化开发技术基础	2	32		32								2			√
		小计	7门	15	240	200	40											

注：至少选修6学分，"发动机原理"采用全英语教学

续表

课程性质		序号	课程代码	课程名称	学分数	学时数	学时类型			开课学期和周学时分配								成绩考核	
							理论	实验	其他	一	二	三	四	五	六	七	八	考试	考查
选修	模块2	1	A351088	报废汽车拆解与材料回收	2	32	32	0							2				√
		2	A351075	汽车修复与再制造技术	3	48	48									4			√
		3	A351103	汽车服务企业及信息化管理	2	32	32									2			√
		4	A351077	汽车评估与保险理赔	2	32	32								2				√
		5	A351005	新能源汽车构造与原理	2	32	32									4			√
		6	A351080	电动汽车控制及能源管理	2	32	32								4				√
		7	A351099	汽车运用优化技术	2	32	32	0							2				√
		小计		7门	15	240	240	0											
注:至少选修6学分,"新能源汽车构造与原理"采用全英语教学																			

4. 集中实践性教学环节

实践性教学环节是开放教育计划中的重要组成部分,是培养学生实践能力、提高学生全面素质的重要环节。随着教育改革的深化,我国的高等教育正逐步从传统的应试教育转变到素质教育的轨道上来,素质教育作为一种现代教育思想,它是以提高人的综合素质为目标的教育,它依据人的持续发展和社会持续进步的需要在掌握与培养能力的基础上以全面提高受教育者的素质为根本目标,以尊重学生的主体地位和主体精神为出发点,以注重开发人的潜能和创新能力以及注重形成人的健全人格为根本特征。在新的形势下加强高校教学实践环节,培养学生实践能力至关重要。

现代教育理论在强调知识传授的同时,更加强调能力的培养,因为"能力"是构成现代人才,特别是应用型人才的重要因素。目前国内各大高校对实践性教学十分重视,除在教学计划和教学大纲教学实施意见等教学指令性文件中规定与明确相应的学分及要求外,还颁布了一系列加强实践性教学环节的意见予以强调,并利用教学检查和教学评估进行督导。下面对实践基地建设、实践教学体系的构建、教学方法的改革及实践教学基地的管理做些探讨。

集中实践性教学环节安排见表1-12。

表 1－12　集中实践性教学环节安排

序号	课程代码	课程名称	学分数	周数	开课学期	起止周	成绩考核 考试	成绩考核 考查
1	A190007	军训与入学教育	2	2	第1学期	1~2		√
2	A325003	工业培训	1	1	第1学期			√
3	A322089	汽车零部件测绘	1	1	第2学期			√
4	A315031	电工电子实习	2	2	第4学期			√
5	A321032	机械设计课程设计	2	2	第5学期			√
6	A720001	汽车故障检测诊断Ⅰ（中级）	3	3	第5学期			√
7	A351039	单片机原理课程设计	2	2	第6学期			√
8	A351034	汽车检测综合实验	2	2	第6学期			√
9	A351081	生产实习（汽车商务与维修）	3	3	第7学期			√
10	A720002	汽车故障检测诊断Ⅱ（高级）	3	3	第7学期			√
11	A351033	毕业设计	15	15	第7~8学期			√
		合　　计	36	36	—	—	—	—

5．第二课堂

第二课堂不计入总学分，但至少完成2学分。依托大学生成长平台（PU）实施，具体实施与认定按照有关文件规定执行。

第2章 汽车及汽车工业的发展历程

2.1 汽车发展简史

2.1.1 蒸汽汽车

1. 蒸汽机的发明和改进

世界上第一台蒸汽机是由古希腊数学家亚历山大港的希罗（Hero of Alexandria）于1世纪发明的汽转球（aeolipile），它是蒸汽机的雏形。约1679年法国物理学家丹尼斯·巴本在观察蒸汽逃离他的高压锅后制造了第一台蒸汽机的工作模型。与此同时，萨缪尔·莫兰也提出了蒸汽机的主意。1698年托马斯·塞维利、1712年托马斯·纽科门和1769年詹姆斯·瓦特（James Watt）（图2-1）制造了早期的工业蒸汽机，他们对蒸汽机的发展都做出了自己的贡献。1807年罗伯特·富尔顿第一个成功地用蒸汽机来驱动轮船。瓦特运用科学理论，逐渐发现了这种蒸汽机的缺点所在。从1765年到1790年，他进行了一系列发明，如分离式冷凝器、气缸外设置绝热层、用油润滑活塞、行星式齿轮、平行运动连杆机构、离心式调速器、节气阀、压力计等，使蒸汽机的效率提高到原来纽科门机的3倍多，最终发明出了现代意义上的蒸汽机。

图2-1 瓦特

瓦特的改良工作使蒸汽机迅速地发展，他使原来只能提水的机械成了可以普遍应用的蒸汽机，并使蒸汽机的热效率成倍提高，煤耗大大下降，从而使得蒸汽机快速发展。

2. 第一辆蒸汽汽车的诞生

英国人瓦特发明的蒸汽机，成就了一个在历史上具有划时代意义的杰作。此后，许多发明家开始利用瓦特的发明，将蒸汽机应用到机械等各种领域，人类进入"蒸汽机时代"，图2-2所示为蒸汽汽车。

图 2-2 蒸汽汽车

出于乘坐和运输的需要，自行式的"车"开始引起发明家的重视。1763 年，法国陆军技术军官、38 岁的居尼奥敏感地觉察到了社会的这一变化，开始研发蒸汽汽车。他的举动得到了法国陆军大臣瓦兹尔公爵的支持，并得到两万英镑的研究经费。

历经 6 年的狂热研究，也历经了 6 年的重重艰辛，居尼奥制造出历史上第一辆具有实用价值的蒸汽汽车。这是一辆军用牵引车，样式十分奇特。车身用硬木制成框架，由三个一人多高的铁轮支撑，车前部被设置了一个容积为 50 L 的梨形大锅炉，锅炉后边安置着两个容积为 11 gal① 的气缸。锅炉产生的蒸汽送入气缸，推动里边的活塞上下运动，然后由简单的曲拐将活塞的运动传给前轮，使前轮转动。

3. 蒸汽汽车的发展

1805 年，美国人艾文思首次制造了装有蒸汽发动机的水陆两用汽车。1825 年，英国公爵嘉内制成了一辆蒸汽公共汽车。1831 年，嘉内利用这辆车开始了世界上最早的公共汽车运营业务，所以这辆汽车也被认为是世界上最早的公共汽车。

1828 年，哈恩格克制成了比嘉内的汽车性能更好的蒸汽公共汽车，并开始了公共运输事业的企业化。他的车可以乘载 22 名乘客，时速 32 km/h，营运后很受欢迎。1834 年，他发展成立了世界上最早的公共汽车运输公司——苏格兰蒸汽汽车公司。

蒸汽汽车的发展并不是一帆风顺的，它漫长坎坷的成长历程，不仅受到当时科学与技术水平的限制，而且受到了人们头脑中旧的观念和习惯势力的阻碍。尽管当时处于幼稚期的蒸汽汽车还无力与马车竞争，但却被马车行业经营者视为未来的劲敌，并受到他们的敌视、嘲笑和愚弄，他们动用法律手段对蒸汽汽车的使用进行了限制。

4. 蒸汽汽车的衰败

刚开始蒸汽汽车的设计都很简单，只是在一台蒸汽机上装上车的底架和轮子。为了达到足够大的动力，就要有个尽可能大的锅炉；为了达到一定的行驶路程，就要备有充足的水和煤；车身重了，又反过来要求有一副结实的底架和坚固的车轮。就这样，车越来越笨重，操纵也越来越困难。

有时候明知道要减速转弯却就是慢不下来、转不过去，只能眼睁睁地看着车撞上障碍物。要么就是制动太狠，轮轴断裂。更可怕的是炉压过高，一时难以控制，经常发生锅炉爆炸事件。更不幸的是，蒸汽汽车的发展引起了马车行业经营者的不满，他们利用各种势力使政府不支持蒸汽汽车，并且对蒸汽汽车横加指责。

就这样，由于受到当时技术的限制以及来自旧势力的严重阻碍，到 19 世纪中叶以后，蒸汽汽车事业日趋衰落。到了 20 世纪，随着内燃机汽车、电动汽车的大量涌现和性能的不断提高，蒸汽汽车开始渐渐退出历史舞台。

---

① 加仑，分英制加仑、美制加仑。

2.1.2 内燃机汽车

1. 内燃机的发明

活塞式内燃机起源于荷兰物理学家惠更斯用火药爆炸获取动力的研究，但因火药燃烧难以控制而未获成功。1794 年，英国人斯特里特提出从燃料的燃烧中获取动力，并且第一次提出了燃料与空气混合的概念。1833 年，英国人赖特提出了直接利用燃烧压力推动活塞做功的设计。

19 世纪中期，科学家完善了通过燃烧煤气、汽油和柴油等产生的热转化机械动力的理论，这为内燃机的发明奠定了基础。活塞式内燃机自 19 世纪 60 年代问世以来，经过不断改进和发展，已是比较完善的机械。它热效率高、功率和转速范围大、配套方便、机动性好，所以获得了广泛的应用。

2. 第一辆内燃机汽车

世界上第一辆汽车是由德国人卡尔·本茨（1844—1929）于 1885 年 10 月研制成功的，奠定了汽车设计基调，即使现在的汽车也跳不出这个框框。

1879 年，德国工程师卡尔·本茨首次实验成功了一台二冲程试验性发动机。1883 年，本茨创立了"本茨公司和本茨莱茵发动机厂"。1885 年，他在曼海姆制成第一辆本茨专利发动机汽车，此车为三轮汽车，采用一台二冲程单缸 0.9 hp[①] 的汽油机，此车具备了现代汽车的一些特点，如火花点火、水冷循环、钢管车架、钢板弹簧悬架、后轮驱动、前轮转向和制动把手。但该车的性能并不完善，行驶速度、装载能力、爬坡性能也不如意，而且在行驶中经常出故障。但是，它的巨大贡献不在于其本身所达到的性能，而在于观念的变化，就是自动化的实现和内燃机的使用，因为这种车能自己行走，所以人们用希腊语中 auto（自己）和拉丁语中 mobile（会动的）构成复合词来解释这种类型的车，这就是 automobile 一词的由来。本茨的第一辆三轮汽车（图 2 – 3）是世界上最早的汽车雏形，这辆汽车被收藏在德国的本茨汽车博物馆。

图 2 – 3　第一辆三轮汽车

3. 内燃机汽车的发展

100 多年以来，内燃机的巨大生命力经久不衰。目前世界上内燃机的拥有量大大超过了其他的热力发动机，在国民经济中占有相当重要的地位。现代内燃机更是成了当今用量最大、用途最广、无一与之匹敌的最重要的热能机械。

当然内燃机同样也存在不少的缺点，主要是：对燃料的要求较高，不能直接燃用劣质燃

---

① 马力，1 hp = 745.699 872 W。

料和固体燃料；由于间歇换气以及制造的困难，单机功率的提高受到限制，现代内燃机的最大功率一般小于4万kW，而蒸汽机的单机功率可以高达数十万kW；内燃机不能反转；内燃机的噪声和废气中有害成分对环境的污染尤其突出。可以说这100多年来内燃机的发展史就是人类不断革新、不断挑战克服这些缺点的历史。

内燃机发展至今，约有一个半世纪的历史了。同其他科学一样，内燃机的每一个进步都是人类生产实践经验的概括和总结。内燃机的发明始于对活塞式蒸汽机的研究和改进。在它的发展史中应当特别提到的是德国人奥托和狄塞尔，正是他们在总结前人无数实践经验的基础上，对内燃机的工作循环提出了较为完善的奥托循环和狄塞尔循环，才使得到他们为止几十年间无数人的实践和创造活动得到了一个科学的总结，并有了质的飞跃。他们将前任粗浅的、纯经验的、零乱无序的经验，加以继承、发展、总结、提高，找出了规律性，为现代汽油机和柴油机热力循环奠定了热力学基础，为内燃机的发展做出了伟大的贡献。

人们通常所说的内燃机是指活塞式内燃机。活塞式内燃机以往复活塞式最为普遍。活塞式内燃机将燃料和空气混合，在其气缸内燃烧，释放出的热能使气缸内产生高温高压的燃气。燃气膨胀推动活塞做功，再通过曲轴连杆机构或其他机构将机械功输出，驱动从动机械工作，常见的有柴油机和汽油机。

往复活塞式内燃机的种类很多，主要的分类方法有：按所用的燃料的不同，分为汽油机、柴油机、煤油机、煤气机（包括各种气体燃料内燃机）等；按每个工作循环的行程数不同，分为四冲程和二冲程；按着火方式不同，分为点燃式和压燃式；按冷却方式不同，分为水冷式和风冷式；按气缸排列形式不同，分为直列式、V形、对置式、星形等；按气缸数不同，分为单缸内燃机和多缸内燃机等；按内燃机的用途不同，分为汽车用、农用、机车用、船用以及固定用；等等。

首先我们来看一下汽油机在20世纪的发展历程。在汽车和飞机工业的推动下汽油机取得了长足的发展。按提高汽油机的功率、热效率、比功率和降低油耗等主要性能指标的过程，可以把汽油机的发展分为四个阶段。

第一阶段是20世纪最初20年，为适应交通运输的要求，以提高功率和比功率为主。采取的主要技术措施是提高转速、增加缸数和改进相应辅助装置。这个时期内，转速从20世纪的500~800 r/min提高到1 000~1 500 r/min，比功率从3.68 W/kg提高到441.3~735.5 W/kg，对提高飞机的飞行性能和汽车的负载能力具有重大的意义。

第二阶段是在20世纪20年代，主要解决汽油机的爆震燃烧问题。当汽油机的压缩比达到4时，汽油机就会发生爆震。美国通用汽车公司研究室的米格雷和鲍义德通过在汽油中加入少量的四乙基铝，干扰氧和汽油分子化合的正常过程，解决了爆震的问题，使压缩比从4提高到8，大大提高了汽油机的功率和热效率。当时另一严重影响汽油机功率和热效率的因素是燃烧室的形状与结构，英国的里卡多及其合作者通过对多种燃烧室及燃烧原理的研究，改进了燃烧室，使汽油机的功率提高了20%。

第三阶段是从20世纪20年代后期到40年代早期，主要是在汽油机上装备增压器。废气涡轮增压可使气压增至1.4~1.6 atm[①]，它的应用为提高汽油机的功率和热效率开辟了一

---

① 标准大气压，1 atm = 101 325 Pa。

个新的途径。但是其真正的广泛应用,却是在50年代后期才普及的。

第四阶段从20世纪50年代至今,汽油机技术在原理重大变革之前发展已近极致。它的结构越来越紧凑,转速越来越高。其技术现状为:缸内喷射;多气门技术;进气滚流,稀薄分层燃烧;电子控制点火正时、汽油喷射及空燃比随工况精确控制等全面电子发动机管理;废气再循环及三元催化等排气净化技术;等等。图2-4所示为现代汽车。

图2-4 现代汽车

随着20世纪70年代开始的电子技术在发动机上的应用,为内燃机技术的改进提供了条件,使内燃机基本上满足了目前世界各国有关排放、节能、可靠性和舒适性等方面的要求。内燃机电子控制现已包括电控燃油喷射、电控点火、急速控制、排放控制、进气控制、增压控制、警告提示、自我诊断、失效保护等诸多方面。

在内燃机高速发展的同时,柴油机——内燃机家族的另一个明星也在不断完善。柴油机几乎是与汽油机同时发展起来的,它们具有许多相同点。所以柴油机的发展也与汽油机有许多相似之处,可以说在整个内燃机的发展史上,它们是相互推动的。柴油机的工作行程如图2-5所示。

在蒸汽机的发展历史中有从往复活塞式蒸汽机到蒸汽轮机的演化,这一点对内燃机的发展是大有启发的。往复式内燃机运动要通过曲轴连杆机构或凸轮机构、摆盘机构、摇臂机构等,转换为功率输出轴的转动,这样不仅使机构复杂,而且由于转动机构的摩擦损耗,还会降低机械效率。另外由于活塞组的往复运动造成曲柄连杆机构的往复惯性力,这个惯性力与转速的平方成正比。随着转速的提高,轴承上的惯性负荷显著增加,并由于惯性力的不平衡而产生强烈的振动。此外,往复式内燃机还有一套复杂的气门控制机构。于是人们设想:既然工具机的运动形式大部分都是轴的转动,能否效法从往复活塞式蒸汽机到蒸汽轮机的路子,使热能直接转化为轴的转动呢?于是人们开始了在这一领域的探索。

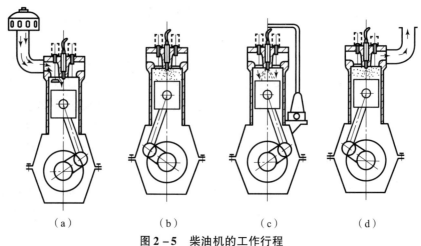

图2-5 柴油机的工作行程

内燃机的发展史表明，具有本质上优越性的新技术，是富有生命力的新生事物，必有广阔的发展前途。第一台实用内燃机热效率只有4%，而当时蒸汽机的热效率已达8%~10%；但内燃机"内燃"本质上的优越性决定了它很快地就超过了蒸汽机。

综上所述，21世纪的内燃机将面临来自各方面的挑战，它将义无反顾地朝着节约能源、燃料多样化、提高功率、延长寿命、提高可靠性、降低排放和噪声、减轻质量、缩小体积、降低成本、简化维护保养等方向迅猛发展。21世纪，天然气、醇类、植物油及氢等代用燃料将为内燃机增添新的活力，而内燃机电子控制技术在提高品质的同时也延长了内燃机行业的"生命"。新材料、新工艺的技术革命，为21世纪内燃机的发展产生了新的推动力。21世纪的内燃机，将在造福人类的同时不断弥补自身缺陷，以尽可能完美的形象为人类做出新的贡献。

2.1.3 电动汽车

1. 电动汽车的发展历史

世界上第一辆电动汽车于1881年诞生，发明人为法国工程师古斯塔夫·特鲁夫（Gustave Trouve），这是一辆用铅酸电池为动力的三轮车。到1898年，欧洲每14辆出租汽车中就有13辆电动汽车。1900年美国制造的汽车中，电动汽车为15 755辆，蒸汽机汽车为1 684辆，而汽油机汽车只有936辆。进入20世纪以后，伴随着内燃机技术的不断进步，1908年美国福特汽车公司T型车问世，以流水线生产方式大规模批量制造汽油机汽车；特别是1911年，美国电气工程师查尔斯·凯特林（Charles Kettering）发明了汽车起动机，致使蒸汽机汽车与电动汽车在市场竞争中，由于存在技术及经济性能上的不足，使前者被岁月无情地淘汰，后者则呈萎缩状态。

20世纪70年代的能源危机和石油短缺使电动汽车重新获得生机。70年代初期，美国、英国、法国、德国、意大利、日本等都开始发展电动汽车。70年代后期，包括中国在内的许多国家和地区的公司，都开始生产电动汽车。但是石油价格在70年代末开始下跌，电动汽车的商业化失去了动力，电动汽车的发展走入低谷。80年代，由于人们日益关注空气质量和温室效应所产生的影响，电动汽车的发展再次获得生机。从90年代开始，新一代电动汽车（图2-6）不断涌现，1997年10月底问世的混合动力电动汽车普锐斯Prius，是世界上最早实现批量生产的电动汽车。2006年4月，普锐斯全球销量已经突破50万辆，并于2006年上半年突破60万辆。

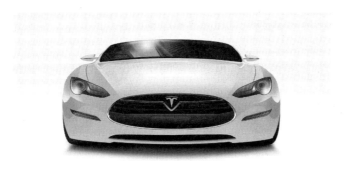

图2-6 新一代电动车

2. 我国电动汽车的发展

我国的电动汽车技术从20世纪70年代起步，90年代进入发展期。在各大汽车制造公司的联合推动下，经过"八五""九五""十五"三个五年计划取得了一系列科研成果，得到了飞速的发展。特别是"863"计划起动和2008年奥运会开出的20亿元电动汽车订单，规定奥运会电动车只能在国内生产制造，致使我国电动汽车研发热潮再度升温。

"十五"期间，国家设立了电动汽车重大科技专项，选择新一代电动汽车技术为主攻方向，组织企业、高等院校和科研机构，以官、产、学、研四位一体的方式联合攻关，专项于2001年9月正式起动，国家拨了8.8亿元专项经费。专项确定了"三纵三横"的研发布局，以燃料电池汽车、混合动力电动汽车、纯电动汽车三种车型为"三纵"，多能源动力总成控制系统、驱动电机及其控制系统、动力蓄电池及其管理系统三种共性技术为"三横"。同时，根据汽车研发和产业化规律，整车研发以整车牵头，关键零部件紧密配合；政策、法规、技术标准同步研究，基础设施协调发展。

经过十几年努力，我国电动汽车整车水平已经进入国际先进行列：燃料电池汽车研发取得重要进展；混合动力汽车实现载客运行，具备小批量生产能力；纯电动汽车开始批量生产，进入道路运营并开始出口。同时，车用燃料电池发动机取得重大突破，进入世界前列；大功率车用动力蓄电池性能显著提高，形成产业基础；驱动电机技术性能先进，与整车集成化程度逐步加强；车辆电控技术异军突起，电动化汽车底盘发展迅速，带动了传统汽车的技术进步。

目前在纯电动汽车的电池和电机研制方面，我国与世界先进水平差距较小，有些甚至处于领先地位。如深圳雷天绿色电动源（深圳）有限公司开发的锂离子电池续驶能力达到300 km，最高速度可达120 km/h，单台车电池成本4万元左右；上海静申电动汽车研制有限公司开发的锂离子电池续驶能力达到500多km，最高速度也达120 km/h。深圳中星汽车制造公司研制的超级纳米碳纤素电池容量是一般铅酸蓄电池的11倍，能量功率之比可达1 kW·h/kg，充电仅需10 min就可以完成，寿命可达10年以上，价格为锂电池的一半，体积为锂电池的1/3。电机优势明显，在电机和驱动系统研究上也取得了新的进展。我国政府重点鼓励稀土永磁电机的开发，因为我国在上述基础材料领域具有资源优势，可以降低将来产业化时车辆的造价，在经济性方面已经达到商业化运作要求。2007年4月18日，国家电网公司与上海瑞华集团在京联合举办了环保型混合电能超级电容电动汽车技术发布会。

环保型混合电能超级电容电动汽车是上海瑞华集团研制的一种电池-电容混合的纯电动汽车。该电动汽车采用的是超级电容和锂离子电池相混合的技术。超级电容具有充电快、无记忆充放电、充放电循环次数高、无二次污染等优异特性，但有放电快的缺点；锂离子电池具有储电量大、储存时间长的优点，但充电时间比较长。环保型混合电能超级电容电动汽车正是取了二者之长。

国家电网有限公司投入实际运行的电池-电容混合型电动汽车，到2010年每年可减少成品油消耗约75 245 t，减少二氧化碳排放约15.7万t，减少一氧化碳排放约2 104 t，减少碳氢化合物排放约252 t。电动汽车一次充电时间小于3 h，最大行驶距离100~300 km，最高速度80~100 km/h，每公里耗电小于1.16 kW·h。目前该技术已在国家电网有限公司内部电力工程车和电力营销车上率先推广，并正逐步向公交、环卫等领域推进。

2.2 国外汽车工业发展状况

2.2.1 欧洲汽车工业发展状况

欧洲是汽车工业的发祥地，欧洲汽车工业以其精细的做工、典雅而新潮的独特造型、大胆采用最新世界先进技术而著称。与美国和日本汽车不同，由于欧洲国家较多，并且各个国家的地域与文化的差异很大，因此尽管这些国家同处欧洲大陆，却造就了各国汽车设计风格的迥然不同。

无论是法国还是德国、意大利，其汽车都在产品发展的过程中形成了独树一帜的风格。从造型设计到工艺设计，欧洲汽车都呈现出多元化的发展趋势，而多元化也是未来各国汽车发展的走向。欧洲汽车业经历了100多年的风雨，至今仍不改世界霸主地位，最重要的一点，就是其永远领先世界的设计理念。

1. 法国汽车工业的发展

在汽车发展史上，法国人有着自己独特的地位。早在1769年，法国陆军技术军官居尼奥就在政府的支持下试制成功了世界上第一辆具有实用价值的蒸汽汽车，从而引发了世界性的研究和制造汽车的热潮。法国著名的汽车企业有如下几个：

1）雷诺 Renault

1898年，路易斯·雷诺三兄弟在布洛涅-比扬谷创建雷诺公司。它是世界上最悠久的汽车公司之一。第二次世界大战期间，雷诺公司为德国法西斯效劳，为德国军队提供大量坦克、飞机发动机和其他武器，因而战争结束后，雷诺公司被法国政府接管，路易斯·雷诺也被逮捕。在政府支持下，雷诺（图2-7）兼并了许多小汽车公司，1975年汽车年产量超过了150万辆，成为法国第一大汽车厂商。雷诺公司的图形商标是四个平行四边形拼成的图案，象征雷诺三兄弟与汽车工业融为一体，表示"雷诺"能在无限的四维空间中竞争、生存和发展。

2）雪铁龙 Citroen

1918年，第一次世界大战刚结束，在齿轮厂工作的安德烈·雪铁龙偶然发现了一种可按双V字形设计的齿轮工艺，其低噪声、高效率的独特齿轮形状激发了他的灵感。当时他就暗下决心，如果将来创办一家公司，一定要把这个V字形作为自己的公司标志。后来，安德烈·雪铁龙凭借过人的悟性和不错的运气，开始筹备自己的公司，并抢先注册了双倒立V字形商标。

法国人个性开朗、爱赶时髦、喜欢新颖和漂亮。雪铁龙标志（图2-8）充分表现了法国人的这种性格，它每时每刻都在散发着法国的浪漫气息，并渐渐将浪漫传播到全世界。

图2-7 雷诺

图2-8 雪铁龙

3）标致 Peugeot

标致汽车公司的前身，是19世纪初标致家族皮埃尔兄弟开办的一家生产拉锯、弹簧等铁质工具的小作坊。这些铁制品的商标是一个威武的雄狮，它是公司所在地弗兰修昆蒂省的标志。据说标致的祖先到美洲和非洲探险，在那里见到令人惊奇的动物——狮子，为此就用狮子作为本家族的徽章。

图2-9 标致

狮子体现了标致（图2-9）拉锯的三大特点：锯齿像雄狮的牙齿久经耐磨、锯身像狮子的脊梁富有弹性、拉锯的性能像狮子一样所向无敌。

2. 德国汽车工业的发展

德国是现代汽车的发祥地，是生产汽车历史最悠久的国家。自从1886年卡尔·本茨发明第一辆汽车至今，德国的汽车工业已经走过了130多年的发展历程。

德国著名的汽车企业有如下几个：

1）奔驰

奔驰于1886年生产了全球第一辆汽车，命名为"奔驰"，为此他被誉为"汽车之父"。1901年，戴姆勒改名为梅赛得斯，1926年，戴姆勒和奔驰合并，到1989年梅赛得斯奔驰一直被戴姆勒-奔驰集团控股。1998年，戴姆勒奔驰（图2-10）汽车集团与克莱斯勒合并，组建了戴姆勒-克莱斯勒集团，成为世界第五大汽车公司。

图2-10 奔驰

2）宝马

宝马即BMW，是德文巴伐利亚汽车工厂的缩写，它原是一家专门生产发动机的公司，同时以制造高级摩托车出名，和日本的大发公司有相同之处。宝马（图2-11）轿车的标志选用了内外双圆圈，在双圈圆环的上方标有"BMW"字样，这是公司全称3个词的首位字母缩写。内圆的圆形蓝白间隔图案，表示蓝天、白云和运转不停地螺旋桨。BMW今天已成为全球高级轿车领域王牌公司之一。

3）大众

大众集团包括大众、奥迪以及西班牙的喜特（Seat）和捷克的斯柯达4家公司，大众（图2-12）是欧洲汽车的火车头，它生产的各种中、小型家庭轿车和多用途汽车，在欧洲及亚洲等地区都很畅销，尤其是著名的甲壳虫轿车，连续生产2500万辆，创造了不可思议的世界纪录。

图2-11 宝马

图2-12 大众

4）保时捷

保时捷公司于1897年推出了世界上第一辆装配电子点火发动机的汽车，1931年Ferdinand Porsche先生为保时捷公司争取到了生产汽车的资格，1948年第一辆用保时捷命名的356Roadsters型汽车问世，以后10年就销售了25 000辆，1963年保时捷（图2-13）公司又推出了保时捷Time-honored 911型汽车，在北美受到消费者的广泛青睐。

图2-13 保时捷

3. 意大利汽车工业的发展

意大利是城市代步汽车的制造王国，驰名于世的菲亚特500型小车即典型的象征。意大利、德国和法国是欧盟汽车拥有率最高的国家。意大利著名的汽车企业有如下几个：

1）菲亚特

菲亚特（图2-14）是意大利著名汽车制造公司，成立于1899年，总部位于意大利北部的都灵。菲亚特旗下的著名品牌包括菲亚特、蓝旗亚、阿尔法·罗密欧和玛莎拉蒂。法拉利也是菲亚特的下属公司，但它是独立运作的。自2010年成功收购美国克莱斯勒汽车集团后，一举跃居世界第三大汽车集团军，并进一步扩大产品线及销售渠道。

2）法拉利

法拉利（Ferrari）是一家意大利汽车生产商，1929年由恩佐·法拉利创办，主要制造一级方程式赛车、赛车及高性能跑车。法拉利是世界闻名的赛车和运动跑车的生产厂家，早期的法拉利赞助赛车手及生产赛车，1947年独立生产汽车。菲亚特（FIAT）拥有法拉利90%的股权，但法拉利（图2-15）却能独立于菲亚特运营。法拉利汽车大部分采用手工制造，产量很低，在2011年法拉利共交付7 195台新车，为法拉利史上最佳销售业绩。公司总部在意大利的马拉内罗。

图2-14 菲亚特

图-15 法拉利

3）玛莎拉蒂

玛莎拉蒂汽车具有悠久的历史，其家族四兄弟于1914年在意大利博洛尼亚成立了玛莎拉蒂公司，并于1926年生产了第一辆汽车Tipo26。阿夫尔-玛莎拉蒂披甲上阵，亲自驾驶Tipo26型汽车参加了汽车比赛并赢得了奖项。玛莎拉蒂汽车公司是专门生产运动车的公司，在欧洲具有很高的知名度。玛莎拉蒂（图2-16）运动车在造型设计上，将自己的传统风格与流行款式相结合，在外观造型、机械性能、舒适安全性等各方面都属运动车中的一流。

图2-16 玛莎拉蒂

2.2.2 美国汽车工业发展状况

美国历史上第一次汽车展览始于 1900 年 11 月，在纽约市当时的麦迪逊花园广场举行。从历次汽车展览可以看出美国汽车工业的发展历史，也可以看出美国汽车工业汽车造型及功能的发展。19 世纪末，美国的经济已经达到了比较高的水平，工业生产开始处于世界前列，它的钢铁和石油化工等工业的发展为汽车工业创造了条件。1908 年，福特汽车推出了著名的 T 型车，这种售价不足 500 美元后降到 300 美元的汽车，只有当时同类汽车价格的 1/4 甚至 1/10，美国一个普通工人用 1 年工资就可以购买到。福特的 T 型车战略使汽车成为真正意义上的大众交通工具。1913 年，福特公司首先在生产中使用流水线装配汽车，这给汽车工业带来了革命性变化，美国随即出现了普及汽车的高潮。美国著名的汽车企业有如下几个：

1）通用

"GM"（General Motor Corporation）是美国通用汽车公司名称的缩写，1902 年威廉·杜兰特建了早期的通用汽车公司，总部设在美国的密歇根州底特律市。经努力，先后联合或兼并了别克、凯迪拉克、雪佛兰、奥兹莫比尔、奥克兰、旁蒂克、休斯和 EDS 电脑等公司。美国通用（图 2-17）汽车公司是世界上最大的汽车制造企业，创始人是马车商威廉·杜兰特，他将美国当时的奥兹莫比尔汽车公司、凯迪拉克汽车公司、奥克兰汽车公司、雪佛兰汽车公司和别克汽车公司组合起来成立了通用汽车股份公司。

2）福特

福特汽车公司是世界最大的汽车企业之一。1903 年由亨利·福特先生创立于美国底特律市。现在的福特汽车公司是世界上超级跨国公司，总部设在美国密歇根州迪尔伯恩市。福特汽车的标志是采用福特英文 Ford 字样，蓝底白字。由于创建人亨利·福特喜欢小动物，所以标志设计者把福特的英文画成一只小白兔样子的图案。1908 年福特汽车公司生产出世界上第一辆属于普通百姓的汽车——T 型车，世界汽车工业革命就此开始。1913 年，福特汽车公司又开发出了世界上第一条流水线，这一创举使 T 型车一共达到了 1 500 万辆，缔造了一个至今仍未被打破的世界纪录。福特先生为此被尊为"为世界装上轮子"的人。福特（图 2-18）汽车公司旗下拥有的汽车品牌有阿斯顿·马丁（Aston Martin）、福特（Ford）、美洲虎（Jaguar）、路虎（Land Rover）、林肯（Lincoln）、马自达（Mazda）、水星（Mercury）。

图 2-17 通用

图 2-18 福特

3）克莱斯勒

克莱斯勒汽车公司是美国第三大汽车公司，创立于 1925 年，创始人名叫沃尔特·克莱斯勒。其汽车销售额在全世界汽车公司中名列第九。它的前身是麦克斯韦尔汽车公司，该公司在全世界许多国家设有子公司，是一家跨国汽车公司。公司总部设在美国底特律市。公司产品分两大类：一是汽车产品，包括成品汽车及其零部件，公司也从其他汽车公司进口并为其销售小汽车，生产所需的工程技术、设计制造设备由克莱斯勒技术中心提供。二是克莱斯勒金融业务，克莱斯勒金融机构及其附属机构为克莱斯勒的客户提供各式金融服务，也提供批发和零售金融服务、租赁服务、库存金融服务和消费信贷。此外还有其他的，主要指五星运输公司及其附属机构从20世纪80年代末开始提供的汽车租赁服务。其主要生产道奇、顺风、克莱斯勒等牌号的汽车。它在美国的汽车装配工厂有8家，汽车制造厂及汽车零部件厂有36家。

图2-19 克莱斯勒

2.2.3 亚洲汽车工业发展状况

1997年，亚洲金融危机使汽车市场的产量和销量剧减，目前亚洲汽车工业已经完全恢复。在亚洲，除东亚中日韩、东南亚泰国、马来西亚和印尼、南亚印度、西亚以沙特、土耳其、伊朗为主要的汽车制造业集中地外，其他以发展中国家为主，是重要的二手车市场，各国汽车零部件业均比较发达。近年来，发达国家的汽车产业不景气，汽车需求下降，市场趋于饱和，而亚洲各国（或地区）汽车产业则不断发展，汽车需求稳步上升，市场规模也在不断扩大。与发达国家相比，亚洲各国（或地区）汽车市场及汽车产业虽然还存在着一定差距，但从长远看，其发展潜力却是相当大的。

1. 中国汽车工业发展状况

改革开放以来，特别是近几年我国汽车工业发展势头强劲。2016年前5个月汽车累计销量为1 073.53万辆，同比增长6.80%，增速高于去年同期，实现低基数下的弱复苏。乘用车累计销量为923.33万辆，同比增长7.57%；其中，轿车累计销量为464.37万辆，同比下降6.05%；SUV（运动型多用途汽车）累计销量为319.24万辆，同比增长达44.26%，继续强势表现；MPV（多用途汽车）累计销售102.96万辆，同比增长15.64%，表现较好。汽车产业作为国民经济支柱产业的地位越来越突出。中国著名的汽车企业有如下几个：

1）中国第一汽车集团公司

中国第一汽车集团公司（原第一汽车制造厂）简称"中国一汽"或"一汽"，英文品牌标志为FAW，FAW就是第一汽车制造厂的英文缩写，是中央直属国有特大型汽车生产企业，一汽总部位于长春市，前身是第一汽车制造厂。

一汽1953年奠基兴建，1956年建成并投产，制造出新中国第一辆解放牌卡车。1958年制造出新中国第一辆东风牌小轿车和第一辆红旗牌高级轿车。一汽的建成，开创了中国汽车工业新的历史。经过60多年的发展，一汽（图2-20）已经成为国内最大的汽车企业集团之一。2013年营业额高达4 500亿元，曾经连续8年蝉联世界500强榜单。

2）东风汽车公司

东风汽车公司（图2-21）始建于1969年，是中国汽车行业骨干企业之一。公司主要业务分布在十堰、襄阳、武汉、广州四大基地，形成了"立足湖北，辐射全国，面向世界"的事业布局，主营业务涵盖全系列商用车、乘用车、发动机及汽车零部件和汽车水平事业。公司现有总资产732.5亿元，员工12.4万人。2008年销售汽车132.1万辆，实现销售收入1 969亿元，综合市场占有率达到14.08%。在国内汽车细分市场，中重卡、SUV、中客排名第一位，轻卡、轻客排名第二位，轿车排名第三位。2008年公司位居中国企业500强第20

位,中国制造企业 500 强第 5 位。"东风"品牌,2015 年入围《中国品牌价值研究院》主办的"中国品牌 500 强"榜单,位列第 50 位。

图 2-20　一汽　　　　　　　　　图 2-21　东风

3) 上海汽车工业(集团)总公司

上海汽车工业(集团)总公司(以下简称"上汽集团")是中国汽车工业具有代表性的特大型企业集团之一,如图 2-22 所示。2004 年 7 月 12 日,上汽集团以上一年度合并销售收入 117 亿美元的业绩,首次跻身《财富》杂志世界 500 强企业行列。

4) 中国长安

中国长安(中国长安汽车集团股份有限公司)(图 2-23),原名中国南方工业汽车股份有限公司,成立于 2005 年 12 月,2009 年 7 月 1 日更为现名,是中国兵器装备集团公司、中国航空工业集团公司两大世界 500 强、中国 50 强企业强强联手、对旗下汽车产业进行战略重组,成立的一家特大型企业集团,是中国四大汽车集团之一,总部设在北京。中国长安形成了整车、零部件、动力总成、商贸服务四大主业板块,拥有强大的整车制造和零部件供应能力。在国际汽车制造商协会(OICA)发布的 2010 年全球汽车企业销量排行中,中国长安汽车集团以 168 万辆的自主产量,跻身中国汽车企业第 1 位、全球车企第 13 位。

图 2-22　上汽　　　　　　　　　图 2-23　长安

2. 韩国汽车工业发展状况

韩国汽车工业 20 世纪 60 年代初期以组装进口零件生产整车的方式起步。此后 10 多年里,其生产能力增长缓慢,到 1970 年汽车产量仅为 2.8 万辆。进入 80 年代,汽车产量开始快速增长,1985 年达到 37 万辆,1986 年猛增 60 万辆,其后直冲 100 万辆大关,1989 年达到 113 万辆,1990 年又提高到 132 万辆。此后 5 年内,汽车产量年均增长率保持在 15% 左右,并形成现代、起亚、大宇、双龙四大汽车公司鼎足的国内市场格局。伴随着汽车产量的快速增长,1983 年韩国汽车出口进入快速增长时期,濒于 1986 年超国内销售汽车数量,达到 30.6 万辆。到 1995 年,韩国汽车出口已达到 110 万辆,出口量在全球排名为第 6 位。至此,韩国汽车业完成了从无到有的资本积累,并初步确立起现代汽车工业生产体系和面向全球的营销网络。1997 年韩国的汽车工业在世界的排名中上升到第 4 位,出口排第 6 位,成为名副其实的汽车大国。韩国汽车工业从起步至今,从无到有,从弱到强,仅用了 40 多年时间就走完了发达国家百余年的历程,并成为当今世界汽车生产大国,其成就举世瞩目。韩国著名的汽车企业有如下几个:

1）现代汽车公司

现代汽车公司是韩国最大的汽车企业，原属现代集团，世界20家最大汽车公司之一，成立于1967年，创始人是原现代集团会长郑周永，公司总部在韩国首尔。现代汽车年产量100万辆，主要产品有小马牌、超小马牌、斯拉塔牌小客车及载货车。目前现代（图2-24）汽车公司已发展成为现代集团，其经营范围由汽车扩展到建筑、造船和机械等领域。

图2-24 现代

2）通用大宇汽车公司

大宇与美国通用汽车公司关系密切，在创业之初便与通用公司合作生产轿车和8 t以上货车及大客车。大宇以出口为目标，在韩国是最早出口汽车的企业，早在1984年就出口汽车到美国。然而，由于经营不利，资不抵债，大宇汽车公司自从其母公司大宇集团破产后一直在巨额债务中挣扎，并且未能在最后期限内偿付对两家债权银行欠下的债务，因劳工联盟拒绝其裁员的重组计划，于2000年11月8日正式宣布破产。

2002年10月28日，通用大宇汽车科技公司（简称"通用大宇"）在韩国首尔正式宣布成立。通用大宇新公司总部位于韩国仁川，旗下拥有并管理三家分别位于韩国的昌原、群山及越南河内的生产厂。此外，位于韩国富平新命名的大宇仁川汽车公司，将为通用大宇（图2-25）提供整车。通用大宇还拥有位于欧洲和波多黎各的9家海外分公司。新公司的资产范围还包括位于韩国富平的汽车设计、工程、研发、销售、市场及行政部门。

3）双龙汽车公司

双龙汽车公司附属韩国双龙集团，是以制造四轮驱动汽车为主，并生产大型客车、特种车、汽车发动机及零配件的著名汽车制造企业，其前身为创立于1954年的东亚汽车公司，1986年10月并入双龙集团，1988年3月更名为双龙汽车公司。以犀牛牌四轮驱动吉普车和克兰多牌家用型吉普车为代表的双龙汽车，已出口到欧洲、亚洲、中南美洲及非洲等60多个国家和地区。双龙汽车从专门生产四轮驱动越野车和特种车起家，后与德国奔驰汽车公司合资，引进先进技术，发展成为综合性的汽车制造企业。双龙（图2-26）汽车的名声已在众多车展和拉力赛中得到了充分肯定。需要强调的是在现今的欧洲汽车市场雷斯特和享御都享有很高的认知度，是欧洲汽车市场的热卖产品。

图2-25 通用大宇　　　　　　图2-26 双龙

3. 日本汽车工业状况

日本是位居世界第三的汽车生产大国，汽车产业是支撑日本经济的重要支柱产业之一。汽车产业是与生产、销售、维修、运输等行业有密切关系的综合性产业，据统计与日本汽车工业直接或间接相关的从业人员在2003年已经达到507万人，约占日本全国就业人数的10%，汽车工业为日本国民提供了巨大就业机会。日本汽车产业在全球分工体系中占据重要地位，一大批汽车生产商如丰田、本田、日产、马自达、三菱、五十铃、铃木等成为世界级龙头企业，其中丰田公司的JIT（准时制生产方式）生产模式被看作全球制造业的典范，并被国际各大企业竞相效仿。日本一直走在世界汽车产业的前沿,为顺应新能源汽车的发展趋势,日本政府在2010年发布了下一代汽车发展战略,以保持日本在未来汽车产业国际竞争格局中的领先优势。日本著名的汽车企业有如下几个:

1) 丰田汽车公司

丰田汽车公司创始人为丰田喜一郎,是一家总部设在日本爱知县丰田市和东京都文京区的汽车工业制造公司,前身为日本大井公司,隶属于日本三井产业财阀。丰田是世界十大汽车工业公司之一,是日本最大的汽车公司,创立于1933年。丰田汽车隶属于丰田财团。自2008年起,丰田汽车(图2-27)公司开始逐渐取代美国通用汽车公司而成为全球排名第一的汽车生产厂商,其旗下的品牌主要包括雷克萨斯等系列高、中、低端车型。

2) 本田汽车公司

本田汽车公司于1948年创立,创始人是传奇式人物本田宗一郎。本田汽车(图2-28)公司是汽车行业的彼得·潘——一家拒绝长大的公司。作为世界上最年轻的以及少数几家保持独立的主要汽车制造商,本田一向喜欢我行我素。本田坚决维护其创始人所倡导的独立行事、快速行动的企业文化,大胆地在全球战略、产品概念以及可持续使用的资源等方面坚持走自己的道路。当习惯性思维促使汽车制造商们纷纷朝一个方向奔去时,本田注意到了这一点,于是便转而向另一个方向进发。

图2-27 丰田

图2-28 本田

3) 日产

日产(NISSAN)是日本的一家汽车制造商(图2-29),由鲇川义介于1933年在神奈川县横滨市成立,目前在20个国家和地区(包括日本)设有汽车制造基地,并在全球160多个国家和地区提供产品与服务。公司经营范围包括汽车产品和船舶设备的制造、销售和相关业务,1999年,雷诺与日产汽车结成独立的合作伙伴关系,在广泛的领域中展开战略性的合作,日产汽车通过联盟将事业区域拓展至全球,其经济规模大幅增长。图形商标是将NISSAN放在一个火红的太阳上,简明扼要地表明了公司名称,突出了所在国家的形象,这在汽车商标文化中独树一帜。

图2-29 日产

近几年全球各地区汽车保有量及销售情况如下,由于欧洲、美国和日本的汽车工业发展较早,区域内的人均汽车保有量较高,因此这些地区的汽车消费需求中,首次购车的比例较低,主要以更新、更换车辆为主,汽车消费市场的饱和度较高,且非常稳定。亚洲-太平洋地区人口众多,除日本和韩国以外,大多属于发展中国家,人均汽车保有量较低,因此,汽车消费市场的发展空间很大。

2005—2013年美国、欧洲、日本、韩国和中国的千人汽车保有量比较如图2-30所示。

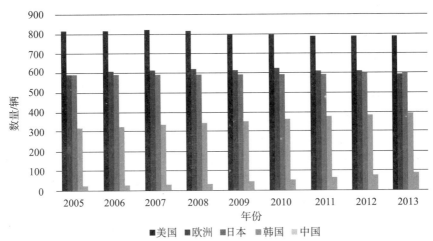

图 2-30 2005—2013 年美国、欧洲、日本、韩国和中国的千人汽车保有量比较

2008 年全球金融危机以后，全球经济陷于低迷。在欧洲、美国和日本等发达国家和地区，由于就业率和收入水平的下降，消费者放缓了汽车更新换代的节奏，使得上述地区的汽车销量受到了较大影响；而在以中国为代表的亚洲发展中国家，经济发展带动了居民消费水平的提高，汽车消费需求持续增加，汽车销量和每千人汽车保有量的增速明显高于欧洲、美国和日本等发达国家和地区，具体趋势如图 2-31 所示。

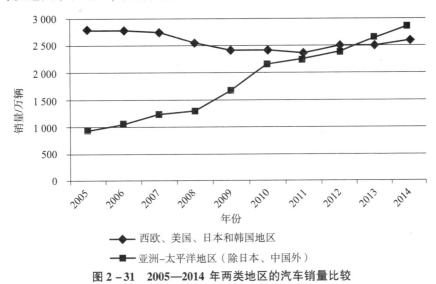

图 2-31 2005—2014 年两类地区的汽车销量比较

2.3 国内汽车发展概况

2.3.1 中华人民共和国成立后汽车工业的发展

1. 起步阶段

中华人民共和国成立之初，百废待兴，在苏联的帮助下开始了中国的汽车企业建设。1949 年 8 月成立汽车筹建处，由莫洛托夫派出汽车专家帮助中国建设汽车生产企业。1950

年3月中央重工业部成立汽车工业筹备组，开展建设第一汽车制造厂的前期准备工作。随后，第一汽车制造厂（简称"一汽"，见 2.2.3 小节"中国第一汽车集团公司"）列入 1953 年开始的第一个五年建设计划重点项目。1953 年 7 月 15 日第一汽车制造厂在长春动工兴建，历时 3 年建成，1953 年一汽集团成立，中国的汽车工业翻开了历史性的一页，实现了中国汽车工业零的突破。功夫不负有心人，在经过 3 年的技术攻关后，1956 年 7 月 14 日，一汽总装线上开出由中国人自己制造的第一批解放牌载货汽车，这批 12 辆代号为 CA10 型的汽车结束了中国不能造车的历史。"解放"这个由毛泽东主席命名的中国第一汽车品牌也开启了装备中国汽车的历史航程，也开创了中国汽车的"解放时代"。CA10 源自苏联斯大林汽车厂吉斯 150 型，装载 4 t，最高速度 65 km/h，装 6 缸水冷 5.5 L 汽油机，最大功率 71 kW。该车坚固耐用，自重偏大，功率、车速及加速性偏低，结构简单，使用维修方便。燃料、原材料、外协配套件需求不是很高，比较适合当时中国的道路条件和石油、钢铁等相关工业基础薄弱及社会配套供给能力欠缺的实际状况。一汽建成之后建立了南京汽车制造厂、上海汽车制造厂、济南汽车制造厂和北京汽车制造厂，形成了 5 个汽车生产基地。1958 年 4 月，中国历史上第一辆国产轿车在一汽诞生，取名"东风"，来自当时毛泽东主席对世界形势有个著名论断："东风压倒西风"。国产 CA-71 东风牌小轿车在机修车间试制成功，正式下线。生产编号为 CA-71，CA 为生产厂家中国一汽的代码，7 为轿车的编码，1 就表示第一辆。虽然在设计最初以仿造方针为主，但样车还是保留了很多民族风格。该车为流线型车身，上部银灰色，下部紫红色，6 座，装有冷热风车灯是具有民族风格的宫灯，发动机罩前上方有一个小金龙装饰，发动机最大功率达 70 hp，最高速度可达 128 km/h，耗油量为百千米 9～10 L。东风牌轿车实际意义上仅生产了一辆，现存一汽轿车博物馆内。

2. 成长阶段

从 1964 年开始，中国汽车工业筹划发展军用越野车产品，贯彻中央的精神建设了第二汽车制造厂、四川汽车制造厂和陕西汽车制造厂 3 个三线汽车厂，以中、重型载货汽车和越野汽车为主，同时发展矿用自卸车。在此期间，一汽、南汽、上汽和济汽 4 个老厂投入技术改造扩大生产能力，并承担包建和支援三线汽车厂的任务；地方发展汽车工业，几乎全部仿制国产车型；改装车生产向多品种、专业化生产，生产厂点近 200 家。1966—1980 年生产各类汽车累计 163.9 万辆。

3. 开放合作阶段

1）确立调整汽车产品结构的重要方针

20 世纪 80 年代初，确立了实现汽车老产品换型，产品换型几乎涵盖了前述汽车产品，重点在投产时间长、产量大、生产厂点多的解放、跃进、黄河、北京 130 等几种车型。结束产品"三十年"一贯制的生产格局；改变汽车产品缺重少轻、少乘用车、少专用车、轿车几近空白和技术落后的产品结构调整方针，产品结构调整包括：在载货汽车生产中提高轻型、重型车比重；在客车生产中加大轻型、大型车比重；增加了微货、微客新品种；大力发展轿车；开发多种专用汽车，以适应经济社会发展的新需求。1982 年中国共生产汽车 16.9 万辆，4 t 解放和 5 t 东风两个中型载货车占总产量的 56%，轿车年产量仅 5 180 辆。此后，中国汽车工业开始了重大历史性变革。

2）成立第一个中国汽车工业公司

1982 年的一次全国统一，中国汽车工业公司（中汽公司）成立，这是在有了几个汽生产点后实行大统一的表现。公司按地域下设长春、北京、南京、重庆4个分公司和武汉、济南两个汽车制造总厂。各分公司由主机厂牵头,把周边的汽车配件厂、零件厂组织在一个分公司内,供应主机厂生产配套和社会维修配件,形成一个统一体。"文化大革命"使汽车工业公司这种管理模式夭折,但是围绕1个产品形成的汽车零部件配套体系,成为各地方、各部门效法的模式。

3) 增加轻型、重型载货车比重

中汽公司依托一汽发展小解放系列车型。一汽用引进关键技术自行研制的办法开发成功1 t、2 t轻型货车和11座轻型客车系列小解放轻型车,1992年批量投产。到1999年一汽依市场需要开发出第二代柴油小解放以及3 t系列轻型货车与客车。东风汽车公司也开发出3 t柴油小东风,1991年投产,到1999年小东风已扩展系列车型1.5~3 t货车和皮卡。1996年由生产农用四轮车转向生产轻型0.75~3 t系列载货车的北汽福田,1998年轻型货车产量夺全国之冠,成为名副其实的后起之秀。2008年中国轻型货车产量在全部载货车的比重提升到51.5%,加上当年微型载货车,合计全部小型货车产量比重上升到67.3%,已接近西方国家约占70%的通例。

汽车行业十分重视发展重型汽车。1978年前后,曾筹划建设一个大规模重型汽车制造厂——三汽,后因资金不足而作罢,改为引进奥地利1978年投产的斯太尔91系列,总重16~40 t重型车及配套WD615系列柴油机,额定功率147~265 kW,由济汽、川汽、陕汽3个重型车厂同时生产。中汽公司布点东风公司上重型车,东风引进日产底盘和驾驶室技术、康明斯B系列柴油机,开发两轴8 t车,1990年大批量投产,以后又扩展到三轴及四轴车系列。一汽也不失时机地开发出长头、平头柴油车,8~16 t系列两轴车、三轴车。引进的重型车有包头北方奔驰、重庆铁马(参照奔驰)、东风日产、中国重汽合资的沃尔沃、庆铃的五十铃、安徽江淮的现代格尔发,还有利用国内资源的北汽福田、江苏春兰等,2008年达到53.6万辆,在全部载货车产量中的比重高达23.6%,这一比例数和重型车产量均居世界各国之冠。

4) 增加大小型客车的比重

我国较出名的品牌有跃进的依维柯、沈阳金杯海狮、东南得利卡、江铃全顺、一汽四川丰田的考斯特以及江淮和跃进的轻客底盘。2004年中国轻型客车的生产比重为32.4%,加上微型客车产量,2004年中国小型客车在客车总产量中的比重达93.6%。大型客车是各种汽车中产量及其所占比重最小的车种。自改革开放以来,长途客运、旅游事业和大城市公交兴旺,中国还出现了独特的卧铺长途客车。2008年全国生产大型客车42 401辆,在全部客车产量中的比重为3.23%。1996年相应的上述数字是3 641辆和1.66%。

5) 发展微型客货车

1978年开始,日本节油型小巧、实用、价廉的轻四轮客车、厢式车(俗称面包车)及单、双排座货车进入中国。80年代初国内开始试制日本产品技术的微型商用车,先从微型载货车入手,后逐步扩大到微型厢式载货车,再到厢式客车,经引进技术及建设,合肥、吉林、柳州、南昌等地方厂家和哈飞、长安等军转民企业仿制开发产品并形成生产能力。到1991年已经形成了吉林、天津、柳州、哈飞、长安、昌河等主要生产厂点。1992年,微型客车进入北京、天津等城市出租车领域(俗称"面的")。微客厢式车亦客亦货、遮风避雨,白天可进城,深受个体经营户欢迎,也用作售后服务车和各类公务专用车。1994年生产微客 99 848 辆，微货 95 762 辆，形成了天津、长安、柳微、哈飞、昌河五大骨干厂。到 2008 年，微客产量已达 106.07 万辆，在中国汽车总产量中占 11.35%，生产微货 35.85 万辆，在中国汽车总产量中占 15.2%，形成了上汽通用五菱、长安、哈飞、东风、昌河五大主导企业，5 家微型客货车产量之和占全国总产量的 88.4%。

6）轿车兴起

1983 年生产上海牌轿车的上汽开始组装德国大众汽车公司的 1.8 L 桑塔纳轿车，1985 年组建中德合资上海大众汽车公司，产量和国产化率逐年提高，成为中国公务用车的主导车型，1996 年产量达 20 万辆。1984 年元月北京汽车厂和后并入克莱斯勒汽车公司的美国汽车公司，合资组建北京吉普汽车公司，生产 2.5 L 切诺基吉普车，后称四驱 SUV。1985 年广州汽车厂和法国标致汽车公司合资组建广州标致汽车公司，生产标致轿车、MPV 和皮卡，后其车型市场竞争乏力，1998 年合营终止。1986 年天津汽车工业公司引进日本大发公司 1.0 L 夏利微型轿车，此车很快成为出租车的主力车型，产量上扬，1998 年逾 10 万辆，发展了 1.3 L 系列车型及若干改进型。1987—1989 年，中央政府逐步明确，大力发展轿车工业，建设"三大"（上海、一汽、东风）和"三小"（天津、北京、广州）6 个轿车生产厂。1992 年中央政府又确定"两微"（奥拓、云雀），加上一汽红旗共 9 个轿车厂，还有西安秦川、湘潭江南和吉林江北 3 个奥拓车组装厂，这种格局一直到 1997 年。1991 年一汽和德国大众汽车公司合资组建一汽大众汽车公司，生产 1.6 L 捷达轿车。1992 年东风公司和法国雪铁龙汽车公司合资组建神龙汽车公司，生产富康 1.4 L 和 1.6 L 轿车。捷达和富康是作为私家车的主力车型而选定的。1988 年长安机器厂引进日本铃木汽车公司 0.8 L 奥拓微型轿车，1992 年贵州航空工业公司引进日本富士重工业公司 0.6 L 斯巴鲁微型轿车，国产车名"云雀"。至此"三大""三小""两微"已成定局。

国际合作，市场配置资源的作用逐步增强，在生产上加强了对货车、轿车、重型车的生产，轿车形成生产规模，行业管理体制和企业经营机制进行改革，汽车品种、质量和生产能力大幅提高。发展系列化多品种生产，结束单一品种生产的历史。1992 年中国汽车厂数达 124 个，我国汽车生产量达 106 万辆，汽车厂数为历史上最高值。改装车厂的数量发展和整车厂同步，1993 年达到 552 家。1994 年开始汽车厂数量呈微弱减少趋势。改变了过去靠增加汽车厂点来提高汽车产量和发展汽车品种的旧局面。

1997 年和 1998 年是中国轿车转折的时期。1997 年 6 月上汽和美国通用汽车公司合资组建上海通用汽车公司，生产 3 L 系列别克轿车，以后又有了一款 1.6 L 赛欧轿车。1998 年 5 月广州汽车工业公司和日本本田技研工业公司合资组建广州本田汽车公司，生产雅阁系列轿车。之后，合资步伐加大，相继有中韩合资悦达起亚汽车公司，生产 1.4 L 普莱特轿车；中意合资南亚汽车公司，生产菲亚特公司的小型轿车；中日合资天津丰田汽车公司，生产 1.3 L 威驰轿车；中美合资长安福特汽车公司，生产 1.6 L 嘉年华轿车。此阶段，我国从计划经济体制向市场经济体制转型，汽车工业顺应国家改革开放大势，调整商用车产品结构，改变"缺重少轻"的生产格局，通过开放合作，轿车工业开始起步，汽车产业形成较为完整的工业体系。

4. 快速发展阶段

1）轿车企业的快速发展

2001 年 12 月中国正式加入 WTO（世界贸易组织），加快了中国汽车工业融入全球化的步伐。2002年8月,一汽和日本丰田汽车公司达成合作生产轿车协议;9月东风和日本日产汽车公司建立全面合作伙伴关系,合资建立东风汽车有限公司,生产全系列日产轿车;10月建立中韩合资北京现代汽车公司,生产索纳塔和伊兰特系列轿车。2002年中国人均GDP(国内生产总值)接近1 000美元,预示着轿车进入家庭的起步期,当年中国轿车产销达109.28万辆和112.65万辆。2003年3月中德合资华晨宝马汽车公司成立,生产宝马3系、5系轿车。至此,全球"6+3"汽车集团全部进入中国争相用不同级别、档次的新品角逐中国轿车市场(见"汽车发展史")。这期间国内企业海南汽车厂引进生产日本马自达轿车和MPV;安徽奇瑞汽车公司部分引进与自主开发相结合,生产奇瑞中级轿车和QQ微型轿车;哈飞投产路宝和赛马轿车;昌河投产爱迪尔微型轿车;沈阳华晨金杯汽车公司投产中华牌2.0 L轿车;大陆与台湾合资的东南(福建)汽车公司投产1.6 L菱帅轿车。民营轿车企业浙江吉利集团先后开发投产了吉利、豪情、美日微型轿车,1.3 L优利欧、美人豹和1.5 L华普等多款轿车,成为民营轿车企业之先驱。比亚迪汽车公司生产1.1 L福莱尔轿车,吉林通田汽车公司生产0.8 L通田阁萝微型轿车。三大股力量共推中国轿车振兴。

2)形成完整汽车产业体系

历经60多年努力,特别是改革开放以来的全面发展,中国汽车工业已形成具备生产多种轿车、载货车、客车和专用汽车,汽油与柴油车用发动机、汽车零部件、相关工业、汽车销售及售后服务、汽车金融及保险等完整汽车产业体系,为汽车工业大发展打下了基础。

2000年我国汽车出口仅为1.5万辆,2005年达到17.3万辆,首次超过进口量,2010年达到了56.7万辆。汽车零部件出口额2000年为35亿美元,2010年达到了414亿美元,年均增速为28%。至2013年,我国汽车产销量均突破2 000万辆,连续五年蝉联全球第一,产销量同比增速均回升至15%以上。从2006年开始,我国汽车产品贸易由逆差转为顺差,彻底扭转了持续几十年的逆差状态。国内很多企业开始在海外投资建厂,主动参与国际兼并重组(如吉利收购沃尔沃),在国外设立研发中心等。在整车制造的带动下,基本形成多品种、全系列的各类零部件生产和配套体系,为汽车工业的高速发展打下了较好的基础。零部件设计制造水平不断提高,一批有比较优势的零部件企业已实现规模生产并进入国际汽车零部件采购体系。

3)自主创新取得了积极成果

2000年我国的主要汽车产品以引进为主,2005年以后不仅新车型上市频率大幅加速,几大汽车企业均开始自主品牌汽车的开发和生产,奇瑞、吉利、比亚迪、长城等企业也纷纷推出了自主品牌车型。目前,主要自主品牌轿车企业已基本具备了整车设计和发动机、变速箱等关键总成的研发和生产能力,并实现了自我配套。我国汽车工业形成了以自主开发、联合开发、引进技术及委托开发等多种科技创新方式,汽车产品升级换代不断提速。

2005年以来,通过实施严格的乘用车燃料消耗量限值标准和鼓励小排量汽车消费的税收政策,以及各类节能技术的推广应用,我国汽车油耗明显降低。经过十多年的自主研发和示范运行,我国在动力电池、驱动电机、电子控制和系统集成等关键技术领域取得明显进步,纯电动汽车和插电式混合动力汽车开始小规模投入市场,燃料电池技术水平不断提高。

4)汽车工业组织结构优化

以大企业为龙头,以市场为导向,积极进行兼并重组,促进了一批企业的发展壮大。例如,一汽和天汽的重组、长安重组江铃、上汽收购南汽、广汽重组长丰、兵装集团与中航集团重组汽车业务（中航集团的哈飞、昌河、东安等汽车及发动机企业进入新长安集团）等。大中型企业间的重组实现了真正意义上的资源整合，优势互补。大型企业规模的迅速扩大，带动了产业集中度的提升，前3家企业的生产集中度已由2000年的39%提高至2010年的49.1%。前10家企业集团的生产集中度达到87%。2002年，上汽集团、柳州五菱和美国通用汽车公司签约，组建上汽通用五菱汽车股份有限公司，为下一步的广泛国际合作打下基础。

我国的汽车工业尤其是轿车工业技术进步的步伐大大加快，新车型层出不穷；科技新步伐加快，整车技术特别是环保指标大幅度提高，与国外汽车巨头的生产与营销合作步伐明显加快，引进国外企业的资金、技术和管理的力度不断加深；企业组织结构调整稳步前进。经过十几年的发展演变，如今初步形成了"3+X"的格局，"3"是指一汽、东风、上汽3家企业为骨干，"X"是指广汽、北汽、长安、南汽、哈飞、奇瑞、吉利、昌河、华晨等一批企业。中国汽车工业已经从原来那个各自独立的散、乱、差局面改变成现在的以大集团为主的规模化、集约化的产业新格局，如今中国已成为世界第三大汽车生产国。中国汽车工业已经成为世界汽车工业的重要组成部分。

2.3.2 中国汽车工业的现状

1. 中国汽车保有量

截至2015年年底，全国机动车保有量达2.79亿辆，其中汽车1.72亿辆，新注册量和年增量均达历史最高水平。机动车驾驶员3.27亿人，其中汽车驾驶员超过2.8亿人。随着我国经济社会持续快速发展，群众购车刚性需求旺盛，汽车保有量继续呈快速增长趋势，2015年新注册登记的汽车达2 385万辆，保有量净增1 781万辆，均为历史最高水平。汽车占机动车的比率迅速提高，近5年汽车占机动车比率从47.06%提高到61.82%，群众机动化出行方式经历了从摩托车到汽车的转变，交通出行结构发生了根本性变化。

全国有40个城市的汽车保有量超过百万辆，北京、成都、深圳、上海、重庆、天津、苏州、郑州、杭州、广州、西安11个城市汽车保有量超过200万辆。新能源汽车保有量达58.32万辆，与2014年相比增长169.48%。其中，纯电动汽车保有量33.2万辆，占新能源汽车总量的56.93%，与2014年相比增长317.06%。2015年，小型载客汽车达1.36亿辆，其中，以个人名义登记的小型载客汽车（私家车）达到1.24亿辆，占小型载客汽车的91.53%。与2014年相比，私家车增加1 877万辆，增长17.77%。全国平均每百户家庭拥有31辆私家车，北京、成都、深圳等大城市每百户家庭拥有私家车超过60辆。

2. 中国汽车生产量

据中国汽车工业协会（以下简称"中汽协"）最新统计，2015年我国汽车产销量超过2 450万辆，创全球历史新高。2015年我国汽车产销总体平稳增长，全年汽车产销分别完成2 450.33万辆和2 459.76万辆，连续7年蝉联全球第一，创历史新高，比上年分别增长3.3%和4.7%，总体呈现平稳增长态势，产销增速比上年分别下降4个和2.2个百分点。月度产销呈现中间低两头高特征，前8个月累计增速逐月下滑，从9月开始回升。

2015年乘用车产销分别完成2 107.94万辆和2 114.63万辆，比上年分别增长5.8%和7.3%，增速高于汽车产业总体增速分别达2.5和2.6个百分点，比2014年分别下降4.4和2.6个百分点，首次超过2 000万辆。目前，乘用车是我国汽车产品的主体，2015年的比例进一步提高,已达到汽车总量的86%。从2014年全年乘用车销售情况来看,第4季度产销量增长明显,6~8月销量低于同期,10月后增长迅猛。

新能源汽车的高速增长成为2015年汽车产销的一大亮点。根据统计数据,2015年新能源汽车生产34.0471万辆,销售33.1092万辆,同比分别增长3.3倍和3.4倍。其中纯电动汽车产销分别完成25.4633万辆和24.7482万辆,同比分别增长4.2倍和4.5倍;插电式混合动力汽车产销分别完成8.5838万辆和8.361万辆,同比增长1.9和1.8倍。新能源乘用车中,纯电动乘用车产销同比分别增长2.8倍和3倍;插电式混合动力乘用车产销同比均增长2.5倍。新能源商用车中,纯电动商用车产销同比分别增长10.4倍和10.6倍;插电式混合动力商用车产销同比分别增长91.1%和88.8%。

另外,由于在2014年1.6 L及以下购置税减半政策的实施,对于节能减排、促进小排量车型消费起到了很大引导作用,对汽车总销量增长贡献度达到124.6%。数据显示,2015年1.6 L及以下乘用车销售1 450.86万辆,比上年同期增长10.38%,高于乘用车整体增速,占乘用车销量比重的68.6%,如图2-32所示。

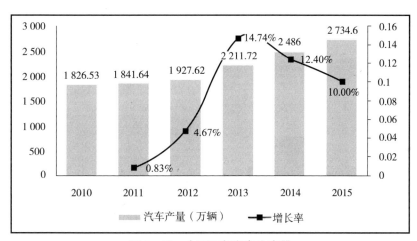

图2-32 中国历年汽车生产量

第3章 汽车的基本结构和工作原理认知

3.1 汽车类型与国产汽车产品型号编制规则

3.1.1 汽车的分类

1. 按新国家标准分类

按照新国家标准（GB/T 3730.1—2001）汽车被划分为乘用车和商用车两大类。

（1）乘用车。乘用车（passenger vehicle）是在其设计和技术特性上主要用于载运乘客及其随身行李或临时物品的汽车，包括驾驶员座位在内最多不超过9个座位，它也可以牵引一辆挂车。乘用车分为以下11种车型：普通乘用车、活顶乘用车、高级乘用车、小型乘用车、敞篷车、仓背乘用车、旅行车、多用途乘用车、短头乘用车、越野乘用车和专用乘用车，如图3-1所示。

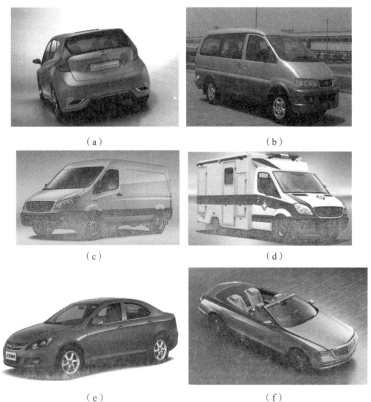

图 3-1 乘用车

(a) 仓背乘用车；(b) 多用途乘用车；(c) 短头乘用车；(d) 专用乘用车；(e) 普通乘用车；(f) 活顶乘用车

图 3-1 乘用车（续）

(g) 高级乘用车；(h) 小型乘用车；(i) 旅行车；(j) 敞篷车；(k) 越野乘用车

（2）商用车。商用车（commercial vehicle）是在设计和技术特征上用于运送人员和货物的汽车。商用车包含了所有的载货汽车和 9 座以上的客车，分为客车、货车和半挂牵引车三类，如图 3-2 所示。在整个行业媒体中，商用车的概念主要是从其自身用途不同来定义的，习惯把商用车划分为客车和货车两大类。

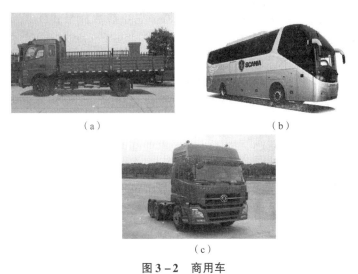

图 3-2 商用车

(a) 货车；(b) 客车；(c) 半挂牵引车

2. 其他分类

（1）按动力装置分类。汽车按动力装置可以分为内燃机汽车、电动汽车和喷气式汽车。

（2）按发动机位置和驱动方式分类。汽车按照发动机在车身上的布局，可以分为前置发动机、中置发动机以及后置发动机汽车三种；按驱动形式可分为前驱、后驱、四驱汽车，还有多桥驱动汽车。整车可分为前置前驱、前置后驱、前置四驱、中置后驱和后置后驱汽车。

（3）按行驶道路条件分类。汽车按行驶道路条件的不同可以分为公路用车和非公路用车。

（4）按行驶机构的特征分类。汽车按行驶机构的特征不同可以分为轮式汽车、履带式汽车和半履带式汽车。

（5）按车门的数量分类。公务用途的轿车都是四门，家用轿车既有四门也有三门和五门（后门为掀起式），而用于运动用途的跑车则都是两门。这里计算的车门数包括了后备厢门。

（6）按"厢"分类。一般把汽车的发动机室、驾驶室和行李厢分别称为汽车的"厢"。从外形上看，如果这三个厢整合在一起，就称为单厢车。如果驾驶室和行李厢在一个厢内，那么就称为两厢车，一般MPV常为两厢车。相对而言，两厢车可以装载体积更大或更长的物件。如果三个厢从外形上看非常分明，中间的驾驶室明显高于前端的发动机室和后面的行李厢，则称为三厢车。

3.1.2 国产汽车产品型号编制规则

根据国家标准 GB/T 9417—1988《汽车产品型号编制规则》的规定，我国汽车产品型号由企业名称代号、车辆类别代号、主要参数代号和产品序号组成，必要时附加企业自定代号，包括首部、中部和尾部三部分，基本形式如下：

$$AA \quad B \quad CC \quad D \quad EE$$
$$首部 \quad 中部 \quad 尾部$$

AA：企业名称代号；B：车辆类别代号；CC：主要参数代号；D：产品序号；EE：企业自定代号。

1. 首部

首部用两位或三位汉语拼音字母表示企业名称或企业所在地名。如 BJ、XM、SH、NJ、GL 和 JN 等，分别代表北京、厦门、上海、南京、桂林和济南等地汽车制造厂。但第二汽车制造厂（简称二汽）用 EQ 表示，第一汽车制造厂（简称"一汽"）用 CA 表示，这是因为其产品型号编制在国家标准制定前，故不符合国家标准。

2. 中部

中部用四位阿拉伯数字表示汽车主要特征。其中第一位数字表示车辆类别，第二、三位数字表示汽车主要参数，第四位数字表示产品序号。

汽车主要特征参数说明如下：

第一位数字（1~9）表示车辆类别代号；第二、三位数字表示汽车主要参数；第四位数字表示产品序号。

（1）载货汽车。用两位数字表示车辆的总质量（t），一般取数值的整数部分；当车辆总质量小于 10 t 时，在整数位前用"0"占位，如"08"表示车辆总质量为 8~9 t；当车辆总质量在 100 t 以上时，允许用三位数字表示，产品序号可依次使用阿拉伯数字 0、1、2、3…来表示。

(2) 越野汽车。中间两位数字表示汽车的总质量。越野汽车按厂家规定的最大总质量可分为轻型越野车、中型越野车、重型越野车和超重型越野车。

(3) 自卸汽车。中间两位数字表示汽车的总质量。自卸汽车指以运送货物为主,并且车厢具有自动卸料功能的载重汽车。

(4) 牵引汽车。中间两位数字表示汽车的总质量。牵引汽车指专门或主要用于牵引挂车的汽车。

(5) 专用汽车。中间两位数字表示汽车的总质量。专用汽车指装备有专用设备,具备专用功能,用于承担专门运输任务或专项作业以及其他专项用途的汽车。

(6) 客车。用两位数字表示车辆长度(m),当车辆长度小于10 m时,应精确到小数点后一位,并以长度(m)的10倍值表示,如"91"表示客车的长度值在9.1~9.2 m。

(7) 轿车。用两位数字表示发动机排量(L),精确到小数点后一位,并以排量的10倍值表示,如"22"表示发动机排量在2.2~2.3 L。

(9) 半挂车及专用半挂车。两位数字表示汽车的总质量(t)。

注意:(8) 为空白,不指代车型类别。

3. 尾部

尾部用于在同一种汽车中对变型车与基本型车结构加以区别(如采用不同的发动机、加长轴距等),可用汉语拼音字母和数字表示,由企业制定。例如,EQ1092表示第二汽车制造厂生产的第三代中型载货汽车,总质量在9~10 t(实际总质量为9 310 kg)。

3.2 汽车构造

3.2.1 发动机

1. 曲柄连杆机构

曲柄连杆机构由机体组、活塞连杆组和曲轴飞轮组三部分组成,如图3-3所示。

1) 机体组

机体组包括气缸体、气缸垫、气缸盖、油底壳、曲轴箱及气缸套。机体是构成发动机的骨架,是发动机各机构和各系统的安装基础,其内、外安装着发动机的所有主要零件和附件,承受各种载荷。因此,机体必须有足够的强度和刚度。

图3-3 曲柄连杆机构

气缸体:气缸体是发动机各个机构和系统的装配基体,是发动机中最重要的一个部件。气缸体有水冷式气缸体和风冷式气缸体。水冷式气缸体一般与上曲轴箱铸成一体。气缸体上部分用于安装气缸盖,气缸周围的空腔相互连通构成水套;下半部分是用来支承曲轴的曲轴箱。气缸体有直列、V形和水平对置三种形式,在汽车上常用直列和V形两种。气缸体下部的结构有一般式、龙门式和隧道式三种形式。风冷式气缸体和曲轴箱采用分体式结构,气缸体和曲轴箱分开铸造,然后再装配到一起。气缸体和气缸盖外表面铸有许多散热片来保证充分散热,气缸体的材料一般用灰铸铁,为提高气缸的耐磨性,有时在铸铁中加入少量合金元素，如镍、钼、铬、磷等。实际上除了与活塞配合的气缸壁表面外，其他部分对耐磨性要求并不高。为了材料上的经济性，广泛采用气缸体内镶入气缸套来形成气缸工作表面。这样，缸套可用耐磨性较好的合金铸铁或合金钢制造，以延长气缸使用寿命，而缸体可用价格较低的普通铸铁或铝合金材料制造。气缸套有干式和湿式两种。干式气缸套外表面不直接与冷水接触，其壁厚一般为 1～3 mm。气缸套外表面与其装配的气缸体内表面采用过盈配合。湿式气缸套外表面直接与冷却水接触，冷却效果好。其壁厚比干式气缸套厚，一般为 5～9 mm。

气缸盖：气缸盖的主要作用是封闭气缸上部，与活塞顶部和气缸壁一起构成燃烧室。一般水冷式发动机气缸盖内铸有冷却水套，气缸盖下端面与气缸体上端面所对应的水套是相通的，利用水的循环来冷却燃烧室壁等高温部分；风冷式发动机气缸盖上铸有许多散热片，靠增大散热面积来降低燃烧室的温度。发动机的气缸盖上应有进排气门座导管孔和进排气通道等。汽油机气缸盖上还应有火花塞孔，而柴油机则设有安装喷油器的座孔。

气缸垫：气缸盖与气缸体之间装有气缸垫，其作用是保证气缸盖与气缸体间的密封，以防止燃烧室漏气、水套漏水。

油底壳：油底壳的主要作用是储存机油并封闭曲轴箱。油底壳受力很小，一般采用薄钢板冲压而成。

曲轴箱：气缸体下部用来安装曲轴的部位称为曲轴箱，曲轴箱分上曲轴箱和下曲轴箱。上曲轴箱与气缸铸成一体，下曲轴箱用来储存润滑油，并封闭上曲轴箱。

2) 活塞连杆组（图 3-4）

活塞连杆组由活塞、活塞环、活塞销、连杆、连杆轴瓦等组成。

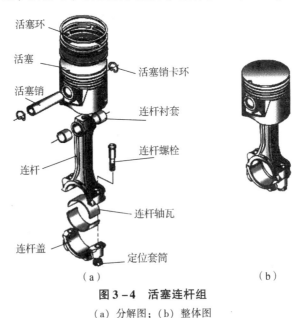

图 3-4 活塞连杆组
(a) 分解图；(b) 整体图

活塞：活塞的作用是与气缸盖、气缸壁等共同组成燃烧室，并承受气缸中气体的压力，通过活塞销将作用力传给连杆，以推动曲轴旋转。活塞可分为头部、环槽部和裙部三部分。活塞头部是燃烧室的组成部分，其形状取决于燃烧室的形式。常见的活塞头部形状有平顶式、凹顶式和凸顶式。

活塞环：活塞环安装在活塞环槽内。汽油机一般有 2~3 道环槽，上面 1~2 道用来安装气环，实现气缸的密封；最下面的一道用来安装油环。在油环槽底面上钻有许多径向回油孔，当活塞向下运动时，油环把气缸壁上多余的机油刮下来经回油孔流回油底壳。若温度过高，第一道环容易产生积炭，出现过热卡死现象。活塞裙部起导向作用。活塞环安装在活塞环槽内，活塞环分为气环和油环两种。气环用来密封活塞与气缸壁之间的间隙，防止窜气，油环可以使活塞在往复运动时减少活塞环与缸壁的磨损和摩擦阻力。

活塞销：活塞销的作用是连接活塞和连杆小头，并将活塞所受的气体作用力传给连杆。活塞销通常为空心圆柱体，有时也按等强度要求做成截面管状体结构。活塞销一般采用低碳钢或低碳合金制造。活塞销与活塞销座孔和连杆小头衬套孔的连接采用全浮式和半浮式连接。采用全浮式连接，活塞销可以在孔内自由转动；采用半浮式连接，销与连杆小头之间为过盈配合，工作中不发生相对转动；销与活塞销座孔之间为间隙配合。

连杆：连杆的作用是将活塞承受的力传给曲轴，并使活塞的往复运动转变为曲轴的旋转运动。连杆由连杆体、连杆盖、连杆螺栓和连杆轴瓦等零件组成，连杆体与连杆盖分为连杆小头、杆身和连杆大头。连杆小头用来安装活塞销，以连接活塞。杆身通常做成"工"或"H"形断面，以求在满足强度和刚度要求的前提下减小质量。连杆大头与曲轴的连杆轴颈相连。一般做成分开式，与杆身切开的一半称为连杆盖，二者靠连杆螺栓连接为一体。

连杆轴瓦：安装在连杆大头孔座中，与曲轴上的连杆轴颈装合在一起，是发动机中最重要的配合副之一。常用的减磨合金主要有白合金、铜铅合金和铝基合金。

3）曲轴飞轮组（图 3-5）

曲轴飞轮组包括曲轴、飞轮、扭转减震器、正时齿轮等构件。

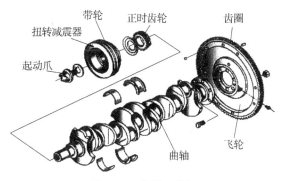

图 3-5 曲轴飞轮组

曲轴：飞轮组主要由曲轴和飞轮以及其他不同作用的零件与附件组成。曲轴是发动机最重要的机件之一。其作用是将活塞连杆组传来的气体作用力转变成曲轴的旋转力矩对外输出，并驱动发动机的配气机构及其他辅助装置工作。曲轴前端主要用来驱动配气机构、水泵和风扇等附属机构，前端轴上安装有正时齿轮（同步带轮）、风扇与水泵的带轮、扭转减震器以及起动爪等。曲轴后端采用凸缘结构，用来安装飞轮。主轴颈和连杆轴颈是发动机中最关键的滑动配合副，一般均进行表面淬火，轴颈过渡圆角处还需进行滚压强化等工艺，以提高其抗疲劳强度。

曲轴的轴向定位一般采用止推片或翻边轴瓦，定位装置装在前端第一道主轴承处或中部某轴承处。曲轴一般选用强度高、耐冲击韧度和耐磨性能好的优质中碳结构钢、优质中碳合金钢或高强度球墨铸铁来锻造或铸造。曲轴在装配前必须经过动平衡校验，对不平衡的曲轴，常在其偏重的一侧平衡重或曲柄上钻去一部分质量，以达到平衡的要求。

飞轮：飞轮是一个转动惯量很大的圆盘，外缘上压有一个齿圈，与起动机的驱动齿轮啮合，供起动发动机时使用。飞轮上通常还刻有第一缸点火正时记号，以便校准点火时刻。多缸发动机的飞轮应与曲轴一起进行动平衡试验。为了保证在拆装过程中不破坏飞轮与曲轴间的装配关系，采用定位销或不对称螺栓布置方式，安装时应加以注意。

2. 配气机构

配气机构（图3-6）可分为气门组和气门传动组两大部分。气门组包括气门及与之相关联的零件，其组成与配气机构的形式基本无关。气门传动组是从正时齿轮开始至推动气门动作的所有零件，其组成视配气机构的形式而有所不同，它的功用是定时驱动气门使其开闭。

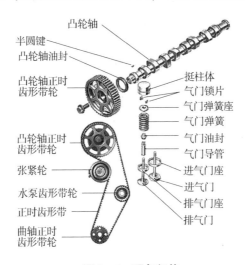

图3-6 配气机构

1) 气门组

气门组（图3-7）包括气门、气门导管、气门弹簧座及气门弹簧等零件。有的进气门还设有气门旋转机构，气门组应保证气门对气缸的密封性。

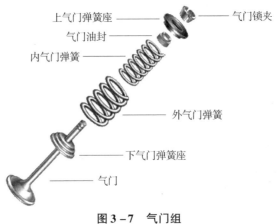

图3-7 气门组

(1) 气门：气门是由气门头部和杆部组成。气门头部温度很高（进气门 570~670 ℃，排气门 1 050~1 200 ℃），而且还承受气体的压力、气门弹簧的作用力和传动组件惯性力，其润滑、冷却条件差，要求气门必须有一定强度、刚度、耐热和耐磨性能。进气门一般采用合金钢（铬钢、镍铬钢），排气门采用耐热合金（硅铬钢）。有时为了节省耐热合金，排气门头部用耐热合金，而杆部用铬钢，然后将两者焊接起来。气门头部的形状有平顶、球面顶和喇叭顶等，一般使用平顶气门。平顶气门头部结构简单、制造方便、吸热面积小、质量较小、进排气门都可以使用。球面顶气门适用于排气门，其强度高、排气阻力小、废气消除效果好，但其受热面积大，质量和惯性大、加工复杂。喇叭顶有一定的流线型，可减少进气阻力，但其头部受热面积大，只适合进气门。气门锥角是气门密封面的角度，一般是 45°，有些是 30°（CA1091 汽车 6102 型发动机）。30°的气门是考虑升程相同的情况下，气门锥度小，气门通过端面大，进气阻力小，但由于锥度小的气门头部边缘较薄，刚度小，密封性与导热性差，一般用于进气门。气门边缘的厚度一般为 1~3 mm，以防止工作中与气门座冲击而损坏或被高温烧坏。为了减少进气阻力，提高气缸进气效率，多数发动机进气门比排气门大，用过的进气门与排气门颜色也不同。

气门杆呈圆柱形，在气门导管中不断进行往复运动，其表面必经过热处理和磨光。气门杆端部的形状取决于气门弹簧的固定形式，常用的结构是两半锁片来固定弹簧座，气门杆的端部用环槽来安装锁片，有的是用锁销来固定，其端部有一安装锁销用的孔。

(2) 气门导管：气门导管的作用是起导向作用，保证气门做直线运动，使气门与气门座能正确贴合。此外，气门导管还在气门杆与气缸体之间起导热作用。气门导管的工作温度较高，约 500 K，气门杆在其中运动，仅靠配气机构飞溅出来的机油进行润滑，易磨损，所以气门导管大多数是用灰铸铁、球墨铸铁等制造的。气门导管外圆柱面经过机加工后压入气缸盖，为了防止气门导管在使用中松脱，有的发动机用卡环定位。气门杆与气门导管之间有 0.05~0.12 mm 的间隙，使气门杆能在导管中自由运动。

(3) 气门座：气门座可以在气缸盖（气门顶置）或气缸体（气门侧置）上直接镗出，或者气门座用较好的材料单独制作，然后镶嵌到气缸盖或气缸体上。它们与气门的头部共同对气缸起密封作用，并接受气门出来的热量。进气门的温度较低，可以直接镗出，但排气门的温度较高，润滑条件较差，极易磨损，多用镶嵌式。镶嵌式的缺点是导热性差、加工精度高、容易脱落，一般直接镗出来好。用铝合金制作的气缸盖，由于铝合金材质软，进排气门均镶嵌。

(4) 气门弹簧：气门弹簧的功用是克服在气门关闭过程中气门及传动件的惯性力，防止各传动件之间的惯性作用产生间隙，保证气门及时落座并紧密接触，防止气门在发动机振动时发生跳动，破坏其密封性。气门弹簧多为圆柱形螺旋弹簧，其材料为高碳锰钢冷拔钢丝，加工后热处理，钢丝表面要磨光、抛光或用喷丸处理。为了防止生锈，表面镀锌。气门弹簧的一端支撑在气缸盖或气缸体上，而另一端则压靠在气门杆端的弹簧座上，弹簧座用锁片固定在气门杆的末端。为了防止弹簧发生共振，可采用变螺距的圆柱弹簧（如红旗轿车的 8V100 发动机气门弹簧）。高速发动机多数是一个气门有同心安装的内、外两根气门弹簧，这样能提高气门弹簧工作可靠性，不但可以防止共振，而且当一根弹簧折断时，另一根还可维持工作。此外，还能使气门弹簧的高度减小。当装用两根气门弹簧时，弹簧圈的螺旋方向应相反，这样可以防止折断的弹簧圈卡入另一个弹簧圈内。680Q 型发动机、492Q 型发动机和 CA6102 型发动机均采用双气门弹簧。

2）气门传动组

气门传动组（图 3 - 8）主要包括凸轮轴、气门挺柱及其推杆、摇臂和摇臂轴等，其作用是使进排气门按配气相位规定的时刻进行开闭，并保证有足够的开度。

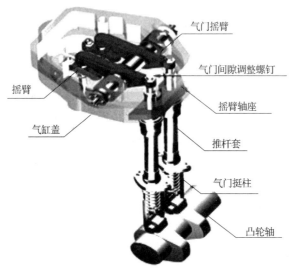

图 3 - 8　气门传动组

（1）凸轮轴：凸轮轴是配气机构的关键部件，由它控制气门的配气相位，有些发动机还用来驱动机油泵、汽油泵和分电器。凸轮轴主要由进排气凸轮、支撑轴、正时齿轮轴、汽油泵偏心凸轮、机油泵及分电器驱动齿轮等组成。

在发动机工作时，为了减少凸轮轴的变形以避免导致配气机构工作失常，凸轮轴的支承大多采用全支承方式，如上海桑塔纳、一汽奥迪 100 和丰田 ZY、3Y 型发动机的凸轮轴都采用 5 个轴颈。有些发动机则为非全支承方式，如解放 CA6102 凸轮轴采用四道轴颈。

为了保证配气机构正常工作，凸轮在凸轮轴上的相对角位置有严格的要求。同一缸的各排气凸轮的相对角位置，保证一个工作循环中的配气相位；各缸进气（排气）凸轮的相对角位置则应与发动机的点火次序相一致。因此，只要知道了凸轮轴的旋转方向，以及各进气凸轮（排气凸轮）的工作次序，就不难判断发动机的点火次序。对四缸四冲程发动机的凸轮轴，各缸进（或排）气凸轮彼此间的夹角均为 360°/4 = 90°。对六缸四冲程发动机的凸轮轴，任何两个相继发火的气缸其同名凸轮间的夹角为 360°/6 = 60°。凸轮轴通常由曲轴通过一对正时齿轮驱动，在装配曲轴和凸轮轴时，必须将正时记号对准，以保证正确的配气相位和发火时刻。为了防止凸轮轴的轴向移动，凸轮轴必须有轴向定位装置。现代汽车发动机的凸轮多采用止推凸缘定位装置，在解放 CA6102、东风 EQ611J、丰田 ZY、3Y 型发动机的凸轮轴上均采用这种定位方式，即将止推凸缘装在凸轮轴第一道轴颈前的凸台上，凸台比止推凸缘厚，以保证止推凸缘与正时齿轮之间的轴向间隙符合规定（轿车 0.05 ~ 0.10 mm）。凸轮轴的材料一般用优质钢模锻而成，也可以采用合金铸铁或球墨铸铁铸造，凸轮和轴径的工作表面一般经过热处理后精磨，以改善耐磨性。

2）气门挺柱：气门挺柱的功用是将凸轮的推力传给推杆（气门杆），并承受凸轮轴旋转时所施加的侧向力。对于气门侧置式配气机构，其挺柱一般做成菌式，在挺柱的顶部装有调节螺钉，用来调节气门间隙。气门顶置式配气机构的挺柱一般制成筒式，以减轻质量。有些挺柱在下端装有一滚轮称为滚轮式挺柱，其优点是可以减小摩擦所造成的对挺柱的侧向力。这种挺柱结构复杂，质量较大，一般多用于大缸径柴油机上。挺柱常用镍铬合金铸铁或冷激合金铸铁制造，其摩擦表面应经热处理后精磨。

有的发动机的挺柱直接装在气缸体上相应处钻出的导向孔中，也有的发动机的挺柱装在可拆式的挺柱导向体中。在挺柱体中装有柱塞，在柱塞上端压入支承座。柱塞经常被弹簧压向上方，其最上端位置由卡环来限制。柱塞下端的阀架内装有碟形弹簧和单向阀。发动机润滑系统中的机油从主油道经挺柱体侧面的油孔流入，并经常充满柱塞内腔及其下面的空腔，当气门关闭时，弹簧使柱塞连同压合在柱塞上的支撑座紧靠推杆，整个排气机构中不存在间隙。当挺柱被凸轮推举向上时，推杆作用于支承座和柱塞上的反力力图使柱塞克服弹簧的力而相对于挺柱体向下移动，于是柱塞下部空腔内油压迅速增高，使单向阀关阀。

由于液体的不可压缩性，整个挺柱如同一个刚体一样上升，这样便保证了必要的气门升程。当油压很高时，会有少许油液经柱塞与挺柱体之间的配合间隙漏出去，但这不致影响正常的工作。同样，在气门受热膨胀时，柱塞也因受压而与挺柱体做轴向相对运动，并将油液自下腔经上述间隙挤出。故使用液力挺柱时，可以不留气门间隙，而保证气门受热膨胀时仍能与气门座密合。当气门开始关闭或冷却收缩时，柱塞所受压力减小，由于弹簧的作用，柱塞向上运动，始终与推杆保持接触。同时柱塞下部的空腔中产生真空度，单向阀被吸开，油液便流入而再度充满整个挺柱内腔。

（3）推杆：推杆的作用是将从凸轮经过挺柱传来的推力传给摇臂，它是气门机构中最易弯曲的零件。要求有很高的刚度，在动载荷大的发动机中，推杆应尽量地做得短些。对于气缸体与气缸盖部是铝合金制造的发动机，其推杆最好用硬铝制造。推杆可以是实心或空心的，钢制实心推杆一般是同球形支座锻成一个整体，然后进行热处理。

（4）摇臂（图3-9）与摇臂轴：实际上是一个双臂杠杆，用来将推杆传来的力改变方向，作用到气门杆端以推开气门。摇臂的两边臂长的比值（称为摇臂比）为1.2~1.8，其中长臂一端是推动气门的。端头的工作表面一般制成圆柱形，当摇臂摆动时可沿气门杆端面滚滑，这样可以使二者之间的力尽可能沿气门轴线作用。摇臂内还钻有润滑油道和油孔。在摇臂的短臂端螺纹孔中旋入用以调节气门间隙的调节螺钉，螺钉的球头与推杆顶端的凹球座相接触。

图3-9 摇臂

摇臂通过衬套空套在摇臂轴上，而摇臂轴又支承在支座上，摇臂上还钻有油孔。摇臂轴为空心管状结构，机油从支座的油道经摇臂轴内腔和摇臂中的油道流向摇臂两端进行润滑。为了防止摇臂的窜动，在摇臂轴上每两摇臂之间都装有定位弹簧。摇臂是用45钢冲压而成的。

3. 燃料供给系统

燃料供给系统分为汽油机燃料供给系统和柴油机燃料供给系统。

1）汽油机燃料供给系统

汽油机燃料供给系统的任务是将汽油经过雾化和蒸发（汽化）并和空气按一定比例均匀混合成可燃混合气，再根据发动机各种不同工况的要求，向发动机气缸内供给不同质（不同浓度）和不同量的可燃混合气，以便在临近压缩终了时点火燃烧而放出热量燃气膨胀做功，最后将气缸内废气排至大气中。

主要组成：

（1）汽油供给装置：油箱（储存燃油）、汽油泵（泵油）、油管（输送）、汽油滤清器（清洁）、燃油压力调节器（恒定油压）。

（2）空气供给装置：空气滤清器、轿车上进气消声器。

（3）可燃混合气形成装置：化油器、喷油器。

（4）可燃混合气供给和废弃排放装置：进气管、排气管、排气消声器。

工作冲程：

一般汽车用汽油机有4个冲程，即进气、压缩、做功和排气。

进气时将大气中的气体吸入气缸内，同时喷入汽油；压缩时将吸入的空气和汽油一起进行压缩，使其压缩比和温度达到一定程度；做功时在压缩到极点时，由火花塞进行点火，使压缩的气体混同汽油一起燃烧，使缸内气压急速增大，将活塞往回驱动。排气时将做功时燃烧过的气体，主要是二氧化碳排到大气中去。

2）柴油机燃料供给系统

柴油机燃料供给系统（图3-10）的功用是：不断供给发动机经过滤清的清洁燃料和空气，根据柴油机不同工况的要求，将一定量的柴油以一定压力和喷油质量定时喷入燃烧室，使其与空气迅速混合并燃烧，做功后将燃烧废气排出气缸。

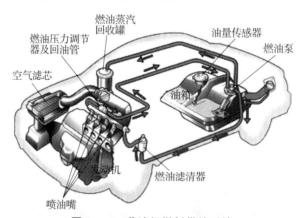

图3-10 柴油机燃料供给系统

主要组成及功用：

柴油机燃料供给系统主要由燃油供给装置、空气供给装置、柴油机混合气形成装置和废气排出装置四部分组成。

（1）燃料供给装置的主要功用是完成燃料的储存、滤清和输送工作，并以一定压力和喷油质量，定时、定量地将燃料喷入燃烧室。

（2）空气供给装置的主要功用是供给发动机清洁的空气。

（3）柴油机混合气形成装置即燃烧室的主要功用是使燃油与空气混合形成混合气。

（4）废气排出装置的主要功用是在发动机完成做功后排出气缸内的燃烧废气。

4. 点火系统

点火系统（图3-11）在发动机运转时所扮演的角色是在任何发动机转速及不同的发动机负荷下，均能在适当的时机提供足够的电压，使火花塞能产生足以点燃气缸内混合气的火花，让发动机得到最佳的燃烧效率。点火系统的基本装置包含电源（蓄电池）、点火触发装置、点火正时控制装置、高压产生器（高压线圈）、高压电分配装置（分电盘）、高压导线及火花塞。现代的点火提前装置则已改由发动机管理电脑所控制，电脑收集发动机转速、进气歧管压力或空气流量、节气门位置、蓄电池电压、水温、爆震等信号，计算出最佳点火正时提前角度，再发出点火信号，达到控制点火正时的目的。

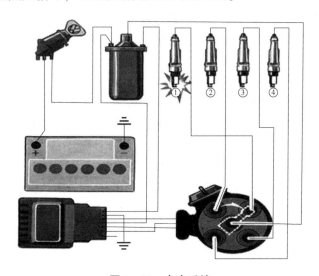

图3-11 点火系统

原理：汽油机点火系统（图3-12）是汽油机、柴油机中用电火花点燃混合气的装置。它的功用是按气缸点火次序定时地向火花塞提供足够能量的高压电，使火花塞电极间产生火花，从而点燃气缸内被压缩的可燃混合气。

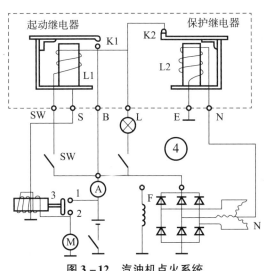

图3-12 汽油机点火系统

点火系统通常由电源、点火线圈、分电器（包括断电器）和火花塞等组成。其中电源、断电器和点火线圈的初级线圈构成低压电路部分；点火线圈的次级线圈、分电器和火花塞构成高压电路部分。

点火线圈由初、次级线圈和铁芯组成。初级线圈的导线粗而匝数少，次级线圈导线细而匝数多，相当于一个升压变压器。

断电器有机械式和晶体管式两种，机械式的应用较普遍。当发动机运转时，凸轮轴驱动分电器中的凸轮旋转，控制断电器触点启闭。当断电器将低压电路闭合时，初级线圈中即产生低压电流，在点火线圈内形成磁场。当电流达到一定值时，断电器将低压电路断开，磁通消失，在次级线圈中感应出 10~24 kV 的电动势，通过分电器依次传到相应气缸的火花塞电极上，即产生电火花。当触点断开时，初级线圈会感应出自感电动势，使触点间产生电弧而引起烧蚀，并减缓磁通消失速度，降低次级线圈感应的电动势。为了消除自感电动势，与触点并联有一只 0.15~0.30 μF 的电容器。

点火系统按电源的不同可分为蓄电池点火系统和磁电机点火系统，两者工作原理基本相同，仅低压电路稍有差别。汽车上通常带有蓄电池，都采用蓄电池点火系统。在要求工作可靠而又不带蓄电池的场合，如飞机用汽油机、拖拉机用汽油机和小型汽油机则多使用磁电机点火系统。

5. 冷却系统

冷却系统（图 3-13）的功用是带走发动机因燃烧所产生的热量，使发动机维持在正常的运转温度范围内。发动机依照冷却的方式可分为气冷式发动机及水冷式发动机，气冷式发动机是靠发动机带动风扇及车辆行驶时的气流来冷却发动机的；水冷式发动机则是靠冷却水在发动机中循环来冷却发动机的。不论采用何种方式冷却，正常的冷却系统必须确保发动机在各样行驶环境都不致过热。可借冷却水的循环，将多余的热量移出发动机，以防止系统过热。在水冷式发动机中，包括水套、水泵、水箱及节温器。在机电装备业中，冷却系统是极其重要的一环，关乎被冷却机电装置的安全运行和使用寿命，也是易被忽视处于薄弱的一环，如在大功率电力电子器件中，冷却系统是非常必要的配套设备。

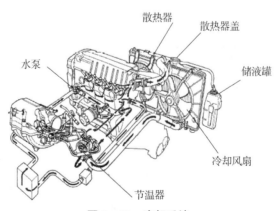

图 3-13 冷却系统

主要组成及功用：

（1）散热器功用：增大散热面积，加速水的冷却。冷却水经过散热器后，其温度可降低 10~15 ℃，为了将散热器传出的热量尽快带走，在散热器后面装有风扇与散热器配合工作。

散热器结构：散热器又称水箱，由上储水室、散热器芯和下储水室等组成。散热器上水储室顶部有加水口，冷却水由此注入整个冷却系统并用散热器盖盖住。在上储水室和下储水室分别装有进水管与出水管，进水管和出水管分别用橡胶软管和气缸盖的出水管和水泵的进水管相连，这样，不但便于安装，而且当发动机和散热器之间产生少量位移时不会漏水。在散热器下面一般装有减振垫，防止散热器受振动损坏。在散热器下储水室的出水管上还有放水开关，必要时可将散热器内的冷却水放掉。

散热器芯由许多冷却水管和散热片组成，对于散热器芯应该有尽可能大的散热面积，采用散热片是为了增加散热器芯的散热面积。散热器芯的构造形式有多样，常用的有管片式和管带式两种。

管片式散热器芯冷却管的断面大多为扁圆形，它连通上、下储水室，是冷却水的通道。和圆形断面的冷却管相比，不但散热面积大，而且万一管内的冷却水结冰膨胀，扁管可以借其横断面变形而避免破裂。采用散热片不但可以增加散热面积，还可以增大散热器的刚度和强度。这种散热器芯强度和刚度都好，耐高压，但制造工艺较复杂，成本高。管带式散热器芯采用冷却管和散热带沿纵向间隔排列的方式，散热带上的小孔是为了破坏空气流在散热带上形成的附面层，使散热能力提高。这种散热器芯散热能力强，制造工艺简单，成本低，但结构刚度不如管片式大，一般多为轿车发动机采用，近年来在一些中型车辆上也开始采用。

对散热器的要求是，必须有足够的散热面积，而且所有材料导热性能要好，因此，散热器一般用铜或铝制成。

（2）风扇功用：提高通过散热器芯的空气流速，增加散热效果，加速水的冷却。风扇通常安装在散热器后面，并与水泵同轴。当风扇旋转时，对空气产生抽吸作用，使之沿轴向流动。空气流由前向后通过散热器芯，使流经散热器芯的冷却水加速冷却。

（3）水泵功用：对冷却水加压，加速冷却水的循环流动，保证冷却可靠。车用发动机上多采用离心式水泵，离心式水泵具有结构简单、尺寸小、排水量大、维修方便等优点。离心式水泵主要由泵体、叶轮和水泵轴组成，轮叶一般是径向或向后弯曲的，其数目一般为6～9片。

当叶轮旋转时，水泵中的水被叶轮带动一起旋转，在离心力作用下，水被甩向叶轮边缘，然后经外壳上与叶轮成切线方向的出水管压送到发动机水套内。与此同时，叶轮中心处的压力降低，散热器中的水便经进水管被吸进叶轮中心部分。如此连续的作用，使冷却水在水路中不断地循环。如果水泵因故停止工作，则冷却水仍然能从叶轮叶片之间流过，进行热流循环，不至于很快产生过热。

（4）冷却强度调节装置：它是根据发动机不同工况和不同使用条件，改变冷却系统的散热能力，即改变冷却强度，从而保证发动机经常在最有利的温度状态下工作。改变冷却强度通常有两种调节方式：一种是改变通过散热器的空气流量，另一种是改变冷却液的循环流量和循环范围。

通常利用百叶窗和各种自动风扇离合器来实现改变通过散热器的空气流量。百叶窗是调节空气流量并防止冬季冻坏水箱，多采用人工调节，也有采用自动调节装置的。风扇离合器是置于风扇传动机构中的离合机构，可根据发动机的温度自动控制风扇的转速，调节扇风量以达到改变通过散热器的空气流量,它不仅能减少发动机的功率损失,节省燃油,而且还能提高发动机的使用寿命,降低发动机的噪声。常见的风扇离合器形式有硅油风扇离合器、机械式风扇离合器、电磁风扇离合器及液力耦合器等。硅油风扇离合器的应用比较广泛。

6. 润滑系统

若不对发动机内各机件表面进行润滑,它们之间将发生强烈的摩擦。金属表面之间的干摩擦不仅增加发动机的功率消耗,加速零件工作表面的磨损,而且还可能由于摩擦产生的热将零件工作表面烧损,致使发动机无法运转。润滑系统(图 3-14)的功用就是在发动机工作时连续不断地把数量足够、温度适当的洁净机油输送到全部传动件的摩擦表面,并在摩擦表面之间形成油膜,实现液体摩擦,从而减小摩擦阻力、降低功率消耗、减轻机件磨损,以达到提高发动机工作可靠性和耐久性的目的。

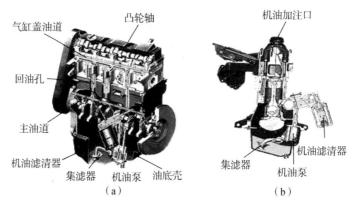

图 3-14 润滑系统
(a) 润滑油路(纵向);(b) 润滑油路(横向)

油底壳:用来储存润滑油。在大多数发动机上,油底壳还起为润滑油散热的作用。

机油泵:将一定量的润滑油从油底壳中抽出经机油泵加压后,源源不断地送至各零件表面进行润滑,以维持润滑油在润滑系统中的循环。机油泵大多装于曲轴箱内,也有些柴油机将机油泵装于曲轴箱外面,机油泵都采用齿轮驱动方式,通过凸轮轴、曲轴或正时齿轮来驱动。

机油滤清器:用来过滤掉润滑油中的杂质、磨屑、油泥及水分等杂物,使送到各润滑部位的都是干净清洁的润滑油。机油滤清器分粗机油滤清器和细机油滤清器,它们是并联在油道中的。机油泵输出绝大多数的机油通过粗机油滤清器,只有很少部分通过细机油滤清器,但汽车每行驶 5 km,机油被细机油滤清器滤清一遍。机油粗滤器用来滤掉润滑油中粒度较大的杂质,其流动阻力小,串联安装于机油泵出口与主油道之间。机油细滤器能滤掉润滑油中的细小杂质,但流动阻力较大,故多与主油道并联。

集滤器:多为滤网式,能滤掉润滑油中粒度大的杂质,其流动阻力小,串联安装于机油泵进油口之前。

主油道:是润滑系统的重要组成部分,直接在缸体与缸盖上铸出,用来向各润滑部位输送润滑油。

限压阀:用来限制机油泵输出的润滑油压力。旁通阀与粗滤器并联,当粗滤器发生堵塞时,旁通阀打开,机油泵输出的润滑油直接进入主油道。机油细滤器进油限压阀用来限制进入细滤器的油量,防止因进入细滤器的油量过多,导致主油道压力降低而影响润滑效果。

机油泵吸油管:通常带有收集器,浸在机油中。其作用是避免油中大颗粒杂质进入润滑系统。

7. 起动系统

起动系统的基本组成,由蓄电池、点火开关、起动继电器、起动机等组成。起动系统的功用是通过起动机将蓄电池的电能转换成机械能,起动发动机运转。

起动系统一般由直流电动机、传动机构和电磁操纵机构三部分组成,如图3-15所示。

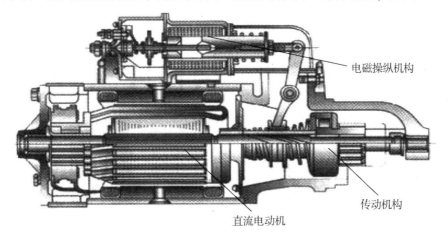

图3-15 起动系统

1)直流电动机

直流电动机主要由磁极、电枢、换向器以及机壳等部件组成。电枢绕组与磁场绕组串联,称此种直流电动机为串励式直流电动机。

磁极:由固定在机壳上的磁极铁芯和缠绕在铁芯上的磁场绕组组成,磁场绕组所产生的磁极应该是相互交错的。一般采用4个磁极,功率大于7.35 kW的起动机个别采用6个磁极。

电枢与换向器:电枢由外圆带槽的硅钢片叠成的铁芯、电枢轴和电枢绕组等组成,起动机工作时,通过电枢绕组和磁场绕组的电流达几百安或更大,因此其磁场绕组和电枢绕组一般采用矩形断面的裸铜线绕制。

换向器:由许多换向片组成,换向片的内侧制成燕尾形,嵌装在轴套上,其外圆车成圆形。换向片与换向片之间均用云母绝缘。

电刷与电刷架:用来连接磁场绕组和电枢绕组的电路,并使电枢轴上产生的电磁力矩保持固定方向。

电刷:用含铜石墨制成,装在端盖上的电刷架中,通过电刷弹簧保持与换向片之间具有适当的压力。电动机内装有4个电刷架,其中两个电刷架与机壳直接相连构成电路搭铁,称为搭铁电刷架。

2）传动机构

传动机构又称啮合机构或啮合器，其主要组成部分是单向离合器。其作用是起动时将电枢的电磁转矩传递给发动机飞轮，而在发动机起动后，就立即打滑，以防止发动机飞轮带动起动机电枢高速旋转而造成飞散事故。

滚柱式单向离合器的结构，驱动齿轮与外壳连接成一体，外壳内装有十字块，十字块与花键套筒固定连接，在外壳与十字块形成的 4 个楔形槽内分别装有一套滚柱及压帽与弹簧，外壳与护盖相互密封，在花键套筒外面套有移动衬套及缓冲弹簧。整个单向离合器总成利用花键套筒套在电枢轴的花键上，单向离合器总成在传动拨叉作用下，可以在电枢轴上轴向移动，也可以随电枢轴转动。

滚柱式单向离合器工作原理：发动机起动时，电枢轴通过花键套筒带动十字块旋转，这时滚柱在摩擦力的作用下，滚入楔形槽的窄端，将十字块与外壳形成一体，于是将转矩传给了驱动齿轮，带动飞轮齿圈转动，起动发动机。

发动机起动后，随着曲轴转速升高，飞轮齿圈将带动驱动齿轮高速旋转，当其转速大于十字块转速时，在摩擦力作用下，滚柱滚入楔形槽的宽端而打滑，这样转矩不能从驱动齿轮传给电枢轴，从而防止了电枢超速飞散。滚柱式单向离合器结构简单，工作可靠，但传递转矩受限制。

3）电磁操纵机构

电磁操纵机构安装在起动机的上部，用来控制起动机驱动齿轮与飞轮的啮合与分离，以及电动机电路的接通和关断，电磁操纵机构主要由吸引线圈、保持线圈、活动铁芯、接触盘、触点等组成。对于汽油发动机用起动机，电磁操纵机构内还有点火线圈附加电阻短路触点，通过电磁操纵机构外壳上的接线柱与点火线圈初级绕组相连。

接通起动开关后，吸拉线圈和保持线圈通电，在吸拉线圈和保持线圈电磁力的共同作用下，使活动铁芯克服弹簧力右移，活动铁芯带动拨叉移动，将驱动齿轮推向飞轮，当驱动齿轮与飞轮啮合时，接触盘也被活动铁芯推至与触点接触位置，使起动机通入起动电流，产生电磁转矩起动发动机。接触盘接触后，吸拉线圈被短路，活动铁芯靠保持线圈的电磁力保持其啮合位置。

3.2.2 底盘

1. 传动系统

1）功用

汽车传动系统（图 3-16）的基本功能就是将发动机发出的动力传给驱动车轮。它的首要任务就是与汽车发动机协同工作，以保证汽车能在不同使用条件下正常行驶，并具有良好的动力性和燃油经济性，为此，汽车传动系统应具备以下功能。

（1）实现汽车倒驶：汽车在某些情况下，需要倒向行驶。然而，内燃机是不能反向旋转的，故与内燃机共同工作的传动系统必须保证在发动机选择方向不变的情况下，能够使驱动轮反向旋转。一般结构措施是在变速器内加设倒挡（具有中间齿轮的减速齿轮副）。

（2）减速和变速：我们知道，只有当作用在驱动轮上的牵引力足以克服外界对汽车的阻力时，汽车才能起步和正常行驶。由实验得知，即使汽车在平直的沥青路面上以低速匀速行驶，也需要克服数值约相当于 1.5% 汽车总重力的滚动阻力。以东风 EQ1090E 型汽车

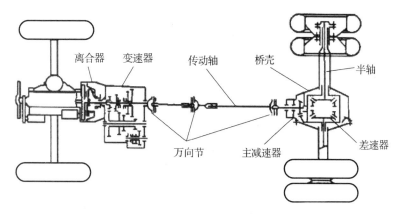

图 3-16 传动系统

为例,该车满载总质量为 9 290 kg(总重力为 91 135 N),其最小滚动阻力约为 1 367 N。若要求满载汽车能在坡度为 30% 的道路上匀速上坡行驶,则所要克服的上坡阻力即达 2 734 N。东风 EQ1090E 型汽车的 6100Q-1 发动机所能产生的最大扭矩为 353 N·m(1 200 ~ 1 400 r/min)。假设将这扭矩直接如数传给驱动轮,则驱动轮可能得到的牵引力仅为 784 N。显然,在此情况下,汽车不仅不能爬坡,即使在平直的良好路面上也不可能匀速行驶。

另外,6100Q-1 发动机在发出最大功率 99.3 kW 时的曲轴转速为 3 000 r/min。假如将发动机与驱动轮直接连接,则对应这一曲轴转速的汽车速度将为 510 km/h。这样高的车速既不实用,也不可能实现(因为相应的牵引力太小,汽车根本无法起动)。为解决这些矛盾,必须使传动系统具有减速增矩作用(简称减速作用),即使驱动轮的转速降低为发动机转速的若干分之一,相应地驱动轮所得到的扭矩则增大到发动机扭矩的若干倍。

汽车的使用条件,诸如汽车的实际装载量、道路坡度、路面状况,以及道路宽度和曲率、交通情况所允许的车速等,都在很大范围内不断变化。这就要求汽车牵引力和速度也有相当大的变化范围。对活塞式内燃机来说,在其整个转速范围内,扭矩的变化范围不大,而功率及燃油消耗率的变化却很大,因而保证发动机功率较大而燃油消耗率较低的曲轴转速范围,即有利转速范围很窄。为了使发动机能保持在有利转速范围内工作,而汽车牵引力和速度又能在足够大的范围内变化,应当使传动系统传动比(所谓传动比就是驱动轮扭矩与发动机扭矩之比以及发动机转速与驱动轮转速之比)能在最大值与最小值之间变化,即传动系统应起变速作用。

(3)必要时中断传动:在汽车长时间停驻时,以及在发动机不停止运转的情况下,使汽车暂时停驻,传动系统应能较长时间中断传动状态。为此,变速器应设有空挡,即所有各挡齿轮都能自动保持在脱离传动位置的挡位。

(4)差速作用:当汽车转弯行驶时,左右车轮在同一时间内滚过的距离不同,如果两侧驱动轮仅用一根刚性轴驱动,则二者角速度必然相同,因而在汽车转弯时必然产生车轮相对于地面滑动的现象。这将使转向困难,汽车的动力消耗增加,传动系统内某些零件和轮胎加速磨损。所以,我们需要在驱动桥内装置具有差速作用的部件——差速器,使左右两驱动轮可以以不同的角速度旋转。

2) 常见布置形式

(1) 前置后驱(-FR):发动机前置、后轮驱动,这是一种传统的布置形式。国内外的大多数货车、部分轿车和部分客车都采用这种形式。

(2) 后置后驱(-RR):发动机后置、后轮驱动。在大型客车上多采用这种布置形式,少量微型、轻型轿车也采用这种形式。发动机后置,使前轴不易过载,并能更充分地利用车厢面积,还可有效地降低车身地板的高度或充分利用汽车中部地板下的空间安置行李,也有利于减轻发动机的高温和噪声对驾驶员的影响。其缺点是发动机散热条件差,行驶中的某些故障不易被驾驶员察觉。远距离操纵也使操纵机构变得复杂、维修调整不便。但由于优点较为突出,在大型客车上应用越来越多。

(3) 前置前驱(-FF):发动机前置、前轮驱动。这种形式操纵机构简单、发动机散热条件好。但上坡时汽车质量后移,使前驱动轮的附着质量减小,驱动轮易打滑;下坡制动时则由于汽车质量前移,前轮负荷过重,高速时易发生翻车现象。现在大多数轿车采取这种布置形式。

(4) 越野汽车的传动系统:越野汽车一般为全轮驱动,发动机前置,在变速箱后装有分动器将动力传递到全部车轮上。轻型越野汽车普遍采用4×4驱动形式,中型越野汽车采用4×4或6×6驱动形式,重型越野汽车一般采用6×6或8×8驱动形式。

2. 行驶系统

1) 功用

(1) 接受由发动机经传动系传来的转矩,并通过驱动轮与路面间的附着作用产生路面对驱动轮的牵引力,以保证汽车正常行驶。

(2) 传递并承受路面作用于车轮上的各向反力及其所形成的力矩。

(3) 应尽可能缓和不平路面对车身造成的冲击,并衰减其振动,保证汽车行驶平顺性。

(4) 与汽车转向系统协调地配合工作,实现汽车行驶方向的正确控制,以保证汽车操纵稳定性。

2) 主要组成及其功用

轮式行驶系统主要由车架、车桥、悬架和车轮组成,如图3-17所示。

图3-17 轮式行驶系统

(1) 车架的功用:安装汽车的各总成和部件,使它们保持正确的相对位置,并承受来自车上和地面的各种动静载荷。显然,车架既然是整个汽车安装的基础,自然会对车架的机构及稳定性有比较高的要求,下面简要叙述车架应该满足的条件,也可以说成对车架的要求。

①车架的结构首先应满足汽车总体的布置要求。
②车架应具有足够的强度和合适的刚度,以满足承受各种动、静载荷。
③车架结构简单,质量应尽可能小,便于机件拆装、维修。
④车架的结构形状尽可能有利于降低汽车质心和获得大的转向角,以提高汽车行驶的稳定性和机动性,这一点对轿车和客车尤为重要。汽车车架按结构形式可分为边梁式车架、中梁式车架、综合式车架和无梁式车架。许多轿车和公共汽车没有单独的车架,而以车身代替车架,主要部件连接在车身上,这种车身称为承载式车身。这种结构的车身底板用纵梁和横梁进行加固,车身刚度好,质量轻,但制造要求高。

(2) 车桥的功用:传递车架或承载式车身与车轮之间各方向的作用力。车桥分为转向桥、驱动桥、转向驱动桥和支持桥四种类型。转向桥能使装在前端的左右车轮偏转一定的角度来实现转向,还能承受垂直载荷和由道路、制动等力产生的纵向力和侧向力,以及这些力所形成的力矩。

(3) 车轮的功用:支承汽车及货物总质量;保证车轮和路面的附着性,以提高汽车的牵引性、制动性和通过性;与汽车悬架一同减少汽车行驶中所受到的冲击,并减轻由此而产生的振动,以保证汽车有良好的乘坐舒适性和平顺性。车轮是外部装轮胎,中心装车轴并承受负荷的旋转部件,由轮毂、轮辋和轮辐组成。车轮主要分为辐板式和辐条式。

(4) 悬架是车架与车桥之间一切传递动力连接装置的统称。汽车悬架弹性地连接车桥与车身,缓和行驶中车辆受到的由于不平路面引起的冲击力,以保证乘坐舒适和货物完好;迅速减轻由于弹性系统引起的振动,传递垂直、纵向、侧向反力及其力矩,并起导向作用,使车轮按一定轨迹相对车身运动。悬架一般由弹性元件、导向装置、减震器和横向稳定杆组成。

①弹性元件用来承受并传递垂直载荷,缓和不平路面、紧急制动、加速和转弯引起的冲击或车身位置的变化。
②导向装置用来使车轮按一定的运动轨迹相对车身运动,同时传递力的作用。
③减震器用来减轻由于弹性系统引起的振动。
④横向稳定杆的目的是提高侧倾刚度,使汽车具有不足的转向特性,改善汽车的操纵稳定性和行驶平顺性。

3. 转向系统

功用:汽车转向系统的功用是改变和保持汽车的行驶方向。

定义:当汽车需要改变行驶方向时,必须使转向轮绕主销轴线偏转一定角度,直到新的行驶方向符合驾驶员的要求时,再将转向轮恢复到直线行驶位置。这种由驾驶员操纵,转向轮偏转和回位的一整套机构,称为汽车转向系统。

(1) 转向摇臂(图3-18):常见转向摇臂的结构形式,其大端具有三角细花键锥形孔,用以与转向摇臂轴外端相连接,并用螺母固定;其小端带有球头销,以便与转向直拉杆做空间铰链连接。转向摇臂安装后从中间位置向两边摆动的角度应大致相等,故在把转向摇臂安装到摇臂轴上时,二者相应的角位置应正确。为此,常在摇臂大孔外端面上和摇臂轴的外端面上各刻有短线,或是在二者的花键部分上都少铣一个齿,作为装配标记,装配时应将标记对齐。

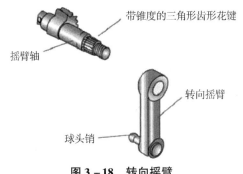

图 3-18 转向摇臂

（2）转向直拉杆（图3-19）：直拉杆体由两端扩大了的钢管制成，在扩大的端部里，装有由球头销、球头座、弹簧座、压缩弹簧和螺塞等组成的球铰链。球头销的锥形部分与转向摇臂连接，并用螺母固定；其球头部分的两侧与两个球头座配合，前球头座靠在端部螺塞上，后球头座在弹簧的作用下压靠在球头上，这样，两个球头座就将球头紧紧夹持住。为保证球头与座的润滑，可从油嘴注入润滑脂。拆装时供球头出入的直拉杆体上的孔口用油封垫的护套封盖住，以防止润滑脂流出和污物侵入。

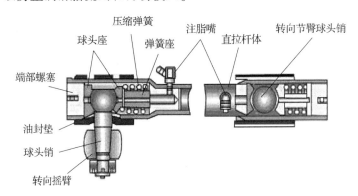

图 3-19 转向直拉杆

压缩弹簧能自动消除因球头与座磨损而产生的间隙，并可缓和由转向轮经转向节臂球头销传来地向前（图3-19中为向左）的冲击。弹簧座的小端与球头座之间留有不大的间隙，作为弹簧缓冲的余地，并可限制缓冲时弹簧的压缩量（防止弹簧过载）。此外，当弹簧折断时此间隙可保证球头销不致从管孔中脱出。端部螺塞可以调整此间隙，调整间隙的同时也调整了前弹簧的预紧度，调好后用开口销固定螺塞的位置，以防松动。

为了使转向直拉杆在受到向前或向后的冲击力时，都有一个弹簧起缓冲作用，两端的压缩弹簧应装在各自球头销的同一侧。由球头销传来的向后（图3-19中为向右）的冲击力由前压缩弹簧承受。当球头销受到向前的冲击力时，冲击力依次经前球头座、前端部螺塞、直拉杆体和后端部螺塞传给后压缩弹簧。

（3）转向横拉杆（图3-20）：横拉杆体用钢管制成，其两端切有螺纹，一端为右旋，一端为左旋，与横拉杆接头旋装连接。接头的螺纹孔壁上开有轴向切口，故具有弹性，旋装到杆体上后可用螺栓夹紧，两端接头结构相同。由于横拉杆体两端是正反螺纹，因此，在旋松夹紧螺栓以后，转动横拉杆体，即可改变转向横拉杆的总长度，从而调整转向轮前束。在横拉杆两端的接头上都装有由球头销等零件组成的球形铰链。球头销的球头部分被夹在上、下球头座内,球头座用聚甲醛制成,有较好的耐磨性。装配时上、下球头座凹凸部分互相嵌合。弹簧通过弹簧座压向球头座,以保证两球头座与球头的紧密接触,在球头和球头座磨损时能自动消除间隙,同时还起缓冲作用。弹簧的预紧力由螺塞调整。球铰上部有防尘罩,以防止尘土侵入。球头销的尾部锥形柱与转向梯形臂连接,并用螺母固定、开口销锁紧。

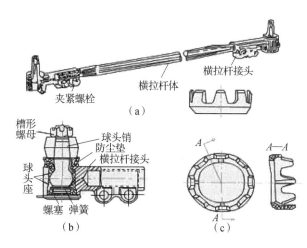

图 3-20 转向横拉杆

(4) 转向节臂和梯形臂:转向横拉杆通过转向节臂与转向节相连。转向横拉杆两端经左、右梯形臂与转向节相连。转向节臂和梯形臂带锥形柱的一端与转向节锥形孔相配合,用键防止螺母松动。臂的另一端带有锥形孔,与相应的拉杆球头销锥形柱相配合,同样用螺母紧固后插入开口销将螺母锁住。

4. 制动系统

车上用以使外界(主要是路面)在汽车某些部分(主要是车轮)施加一定的力,从而对其进行一定程度的强制制动的一系列专门装置统称为制动系统。

其作用是:使行驶中的汽车按照驾驶员的要求进行强制减速甚至停车;使已停驶的汽车在各种道路条件下(包括在坡道上)稳定驻车;使下坡行驶的汽车速度保持稳定。对汽车起制动作用的只能是作用在汽车上且方向与汽车行驶方向相反的外力,而这些外力的大小都是随机的、不可控制的,因此汽车上必须装设一系列专门装置以实现上述功能。

制动系统的组成:

(1) 供能装置:包括供给、调节制动所需能量以及改善传动介质状态的各种部件。

(2) 控制装置:产生制动动作和控制制动效果的各种部件,如制动踏板。

(3) 传动装置:包括将制动能量传输到制动器的各个部件,如制动主缸。

(4) 制动器:产生阻碍车辆运动或运动趋势的部件。

汽车上常用的制动器都是利用固定元件与旋转元件工作表面的摩擦而产生制动力矩,称为摩擦制动器。它有鼓式制动器和盘式制动器两种结构形式。

制动系统如图 3-21 所示。

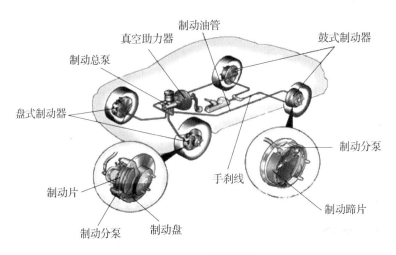

图 3-21 制动系统

（5）制动操纵机构：产生制动动作、控制制动效果并将制动能量传输到制动器的各个部件、制动轮缸和制动管路。

一般制动系统主要由车轮制动器和制动传动机构组成。

（1）车轮制动器主要由旋转部分、固定部分和调整机构组成。旋转部分是制动鼓；固定部分包括制动蹄和制动底板；调整机构由偏心支承销和调整凸轮组成，用于调整蹄鼓间隙。

（2）制动传动机构主要由制动踏板、推杆、制动主缸、制动轮缸和管路组成。制动工作原理是，利用与车身（或车架）相连的非旋转元件和与车轮（或传动轴）相连的旋转元件之间的相互摩擦来阻止车轮的转动或转动的趋势。

制动系统不工作时，蹄鼓间有间隙，车轮和制动鼓可自由旋转。制动时，要汽车减速，脚踏下制动器踏板通过推杆和主缸活塞，使主缸油液在一定压力下流入轮缸，并通过两轮缸活塞推使制动蹄绕支承销转动，上端向两边分开而以其摩擦片压紧在制动鼓的内圆面上。不转的制动蹄对旋转制动鼓产生摩擦力矩，从而产生制动力。解除制动，当放开制动踏板时回位弹簧即将制动蹄拉回原位，制动力消失。

3.2.3 车身

汽车车身（图 3-22）的作用：主要是保护驾驶员以及构成良好的空气力学环境。好的车身不仅能带来更佳的性能，也能体现出车主的个性。汽车车身结构从形式上说，主要分为非承载式和承载式两种。

（1）非承载式车身：非承载式车身的汽车有刚性车架，又称底盘大梁架。在非承载式车身中发动机、传动系统的一部分、车身等总成部件都是用悬架装置固定在车架上，车架通过前后悬架装置与车轮连接。非承载式车身比较笨重、质量大、高度高，一般用在货车、客车和越野车上，也有部分高级轿车使用，因为它具有较好的平稳性和安全性。

（2）承载式车身：承载式车身的汽车没有刚性车架，只是加强了车头、侧围、车尾、底板等部位，发动机、前后悬架、传动系统的一部分等总成部件装配在车身要求的位置，车

图 3-22 汽车车身

身负载通过悬架装置传给车轮。承载式车身除了其固有的承载功能外,还要直接承受各种负荷力的作用。承载式车身不论在安全性还是在稳定性方面都有很大的提高,它具有质量小、高度低、装配容易等优点,大部分轿车采用这种车身结构。

车身的基本要求:

汽车车身应为驾驶员提供便利的工作条件,为乘员提供舒适的乘坐条件,保护他们免受汽车行驶时的振动、噪声、废气的侵袭以及外界恶劣气候的影响,并保证完好无损地运载货物且装卸方便。汽车车身上的一些结构措施和设备还有助于安全行车和减轻事故的后果。

车身应保证汽车具有合理的外部形状,在汽车行驶时能有效地引导周围的气流,以减少空气阻力和燃料消耗。此外,车身还应有助于提高汽车行驶稳定性和改善发动机的冷却条件,并保证车身内部良好的通风。

汽车车身是一件精致的综合艺术品,应以其明晰的雕塑形体、优雅的装饰件和内部覆饰材料以及悦目的色彩使人获得美的感受,点缀人们的生活环境。

汽车车身结构(图 3-23)主要包括车身壳体、车门、车窗、车前钣制件、车身内外装饰件和车身附件、座椅以及通风、暖气、冷气、空气调节装置等。在货车和专用汽车上还包括车厢和其他装备。

图 3-23 汽车车身结构

车身壳体是一切车身部件的安装基础,通常是指纵、横梁和支柱等主要承力元件以及与它们相连接的钣件共同组成的刚性空间结构。客车车身多数具有明显的骨架,而轿车车身和货车驾驶室则没有明显的骨架。车身壳体通常还包括在其上敷设的隔音、隔热、防振、防腐、密封等材料及涂层。

车门通过铰链安装在车身壳体上,其结构较复杂,是保证车身的使用性能的重要部件等。这些钣制件形成了容纳发动机、车轮等部件的空间。

3.2.4 电气设备

1. 电气设备的组成

汽车电气设备的组成(图3-24):现代汽车的电气设备种类和数量都很多,但总的来说,可以大致分为三大部分,即电源、用电设备、配电装置及全车电路。

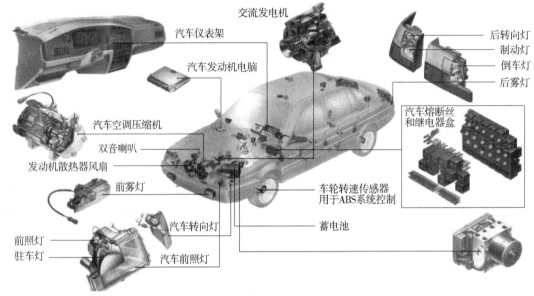

图 3-24 汽车电气设备组成

(1) 电源:汽车电源包括蓄电池、发电机及调节器。发动机不工作时由蓄电池供电,发动机起动后转由发电机供电,在发电机向用电设备供电的同时,也给蓄电池充电。调节器的作用是在发电机工作时,保持其输出稳定。

(2) 用电设备包括起动系统、点火系统、照明系统、信号装置、仪表及报警装置、辅助电器以及汽车电子控制系统中用到的设备。

①起动系统:起动系统主要包括起动机及其控制电路,用来起动发动机。蓄电池带动起动机转动和火花塞点火,起动机带动发动机飞轮转动,飞轮带动活塞进行往复运动起动发动机。

②点火系统:点火系统用来产生电火花,点燃汽油机气缸中的混合气。它有传统点火系统和电子点火系之分,包括点火线圈、点火器、分电器总成、火花塞等。

③照明系统:照明系统包括车外和车内的照明灯具,提供车辆夜间安全行驶必要的照明。

④信号装置:信号装置包括音响信号和灯光信号两类,提供安全行车所必需的信号。

⑤仪表及报警装置:用来监测发动机及汽车的工作情况,使驾驶员能够通过仪表及报警

装置,以及发动机及汽车运行的各种参数及异常情况,确保汽车正常运行。它主要包括车速里程表、发动机转速表、燃油表、电压(电流)表、机油压力表、气压表及各种报警灯等。

⑥辅助电器:辅助电器包括电动风窗刮水器、风窗洗涤器、空调器、低温起动预热装置、汽车音响、车窗玻璃电动升降器、座椅电动调节器、防盗装置等。辅助电气设备有日益增多的趋势,主要向舒适、保障安全等方面发展。车辆的豪华程度越高,辅助电气设备就越多。

⑦汽车电子控制系统(简称电控系统):汽车电子控制系统主要指利用微机控制的各个系统,包括电控燃油喷射系统、点火系统、电控自动变速器、制动防抱死装置、电控悬架系统、自动空调等。电控系统的采用可以使得各个系统均处于最佳工作状态,达到提高汽车动力性、经济性、安全性、舒适性,降低汽车排放量目的。

(3)配电装置及全车电路:包括中央接线盒、保险装置、继电器、电线束及插接件、电路开关等,使全车电路成为一个统一的整体。

2. 照明系统

汽车照明系统(图3-25)是汽车安全行驶的必备系统之一。它主要包括外部照明灯具、内部照明灯具、外部信号灯具、内部信号灯具等。

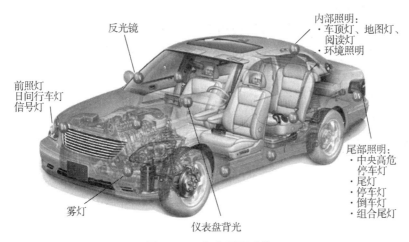

图3-25 汽车照明系统

汽车灯具按照功能划分,主要有两个种类:汽车照明灯和汽车信号灯。

1)汽车照明灯

汽车照明灯按照其安装的位置及功用包括前照灯、雾灯、倒车灯、牌照灯、顶灯、仪表灯、踏步灯、工作灯、行李厢、阅读灯和门灯。

(1)前照灯又叫前大灯,装于汽车头部两侧,用于夜间行车道路的照明。有两灯制和四灯制之分。每辆车安装2只或4只,装于外侧的一对应为近、远光双光束灯,装于内侧的一对应为远光单光束灯。前照灯灯光光色为白色,远光灯灯泡功率为45~60 W,近光灯灯泡功率为25~55 W。要求前照灯应能保证提供车前100 m以上路面明亮、均匀的照明,并且不应对迎面来车的驾驶员造成眩目。随着车速的不断提高,汽车上前照灯的照明距离可达到200~300 m。

(2)雾灯安装于汽车的前部和后部。用于在雨雾天气行车时照明道路和为迎面来车及后面来车提供信号。前雾灯安装在前照灯附近，一般比前照灯的位置稍低，因为雾天能见度低，驾驶员的视线受到限制。红色和黄色是穿透力最强的颜色，前雾灯光色为黄色，这是因为黄色光光波较长，具有良好的透雾性能，灯泡功率一般为35 W。后雾灯采用单只时，应安装在车辆纵向平面的左侧，与制动灯间的距离应大于100 mm，后雾灯灯光光色为红色，以警示尾随车辆保持安全距离，灯泡功率一般为21 W。

（3）倒车灯装于汽车尾部，用于倒车时汽车后方道路照明和警告其他车辆与行人，表示该车正在倒车，兼有灯光信号装置的功能。灯光光色为白色，灯泡功率一般为28 W。

（4）牌照灯用于照亮车辆牌照，要求夜间在车后20 m处能看清牌照号码。

牌照灯装在汽车尾部牌照的上方或左右两侧，灯光光色为白色，灯泡功率为8～10 W。它没有单独的开关控制，受示宽灯或前照灯开关控制。若按规定要求有牌照灯，必须与小灯同一个开关控制。

（5）顶灯安装在驾驶室或车厢内顶部，为驾驶室或车厢内的照明灯具，灯光颜色一般为白色。

（6）仪表灯安装于仪表盘内，它用来照明汽车仪表，灯光颜色一般为白色。

（7）踏步灯一般安装在汽车的上下车台阶的左右两侧，是用来照明车门的踏步处，方便乘员上下车，灯光颜色一般为白色。

（8）工作灯是车辆维修时可以移动使用的一种随车低压照明工具，电源来自发电机或蓄电池。常常带有挂钩或夹钳，插头有点烟器式和两柱插头式两种。

（9）行李厢灯为轿车行李厢内的灯具，灯光为白色。

（10）阅读灯装于乘员席前部或顶部，聚光时乘员看书不会让驾驶员产生眩目现象，照明范围较小，有的还有光轴方向调节机构。

（11）门灯装于轿车外张式车门内侧底部，开启车门时，门灯发亮，以告示后来行人、车辆注意避让，其功率为5 W，光色为红色。

2）汽车信号灯

汽车信号灯包括转向信号灯、危险报警信号灯、制动灯和示廓灯。

（1）转向信号灯。转向信号灯装于汽车前、后、左、右角，用于汽车转弯时发出明暗交替的闪光信号，使前后车辆、行人、交警知其行驶方向。转向信号灯的灯光光色为琥珀色，灯泡功率一般为20 W。汽车转向信号灯的指示距离，要求前后转向信号灯白天距100 m以外可见，侧转向信号灯白天距离30 m以外可见。转向信号灯的闪光频率应控制在1.0～2 Hz。

（2）危险报警信号灯。危险报警信号灯用于车辆遇到紧急危险情况时，同时点亮前后左右转向灯以发出警告信号。与转向信号灯有相同的要求。

（3）制动灯。制动灯由于指示车辆的制动或减速信号而安装在车尾两侧，两制动灯应与汽车的纵轴线对称并在同一高度上，制动灯灯光光色为红光，应保证白天距离100 m以外可见。

（4）示廓灯。示廓灯安装在汽车前、后、左、右侧的边缘，用于汽车夜间行车时标志汽车的宽度和高度，因此也相应地被称为"示宽灯"和"示高灯"。示廓灯灯光标志在夜间300 m以外可见。前示廓灯的灯光光色为白色，后示廓灯的灯光光色多为红色，灯泡功率为8～10 W。

3. 仪表系统

不同汽车仪表板的仪表不尽相同，但是一般汽车的常规仪表有机油压力表、水温表、燃油表、充电表、车速里程表和报警装置等。现代汽车上，汽车仪表还需要装置稳压器，专门用来稳定仪表电源的电压，抑制波动幅度，以保证汽车仪表的精确性。另外，大部分仪表显示的依据来自传感器，传感装置根据被监测对象的状态变化而改变其电阻值，通过仪表表述出来。仪表板中最显眼的是车速里程表，它表示汽车的时速，单位是 km/h（千米/小时）。车速里程表实际上由两个表组成：一个是车速表，另一个是里程表。

（1）机油压力表。机油压力表是显示机油压力的仪表，单位是 kPa（千帕）。机油压力表传感器是一种压阻式传感器，用螺纹固连在发动机机油管路上。由机油压力推动接触片在电阻上移动，使阻值变化，从而影响通过仪表到地的电流量来驱动指针摆动。由于机油压力有一定的压力范围，为了清晰明了，有许多汽车的机油压力表用指示灯表示，如果发动机运转时它仍然亮着，就表示发动机润滑系统可能不正常了。

（2）水温表。水温表是显示冷却水温度的仪表，单位是℃（摄氏度）。它的传感器是一种热敏电阻式传感器，用螺纹固定在发动机冷却水管道上。热敏电阻决定了流经水温表线圈绕组的电流大小，从而驱动表头指针摆动。以前汽车发动机的冷却水都是用自来水来充当，现在很多汽车发动机冷却系统都用专门的冷却液，因此也称冷却液温度表。

（3）燃油表。燃油表是显示油箱内油量的仪表，单位是 L（升），指针指向"F"，表示满油，指向"E"，表示无油；也有用 1/1、1/2、0 分别表示满油、半箱油和无油。燃油表内有两个线圈，分别在"F"与"E"一侧，传感器是一个由浮子高度控制的可变电阻，阻值变化决定两个线圈的磁力线强弱，也就决定了指针的偏转方向充电表。

（4）充电表。充电表显示发电机与蓄电池之间的充放电状态，有电流表和电压表之分。以前的汽车多数是用电流表，它有一块永久磁铁，使固定在支点上的指针保持中间位置，有线圈环绕在支点周围，当有电流通过线圈时会感应出磁场，指针在磁场作用下左右摆动，摆动方向决定于电流流经线圈的方向。因此电流表串联在蓄电池与发电机之间，当发电机向蓄电池充电时，仪表显示正（+）极，若蓄电池向负载放电量大于发电机的充电量，则显示负（-）极。由于电流表接线柱承受电流比较大，不太安全，当发动机运转时，充电灯接地线路连通，充电灯发亮；当发动机未运转时，充电灯接地线路被断开，充电灯熄灭；如果充电灯仍然亮时，说明充电系统有故障。

（5）车速里程表。车速里程表是由指示汽车行驶速度的车速表和记录汽车所行驶过距离的里程计组成，二者装在共同的壳体中，并由同一根轴驱动。车速表是利用磁电互感作用，使表盘上指针的摆角与汽车行驶速度成正比，在表壳上装有带刻度的表盘。里程计是由若干个计数转鼓及其转动装置组成的。为了使用方便，有的车速里程表同时设有总里程计和单程里程计，总里程计用来记录汽车累计行驶里程，单程里程计用来记录汽车单程行驶里程。单程里程计可以随时复位至零。

（6）报警装置。为保证各仪表能正常工作，准确指示各有关部分的性能和状态，必须对其正确使用和及时维护保养。

①车速报警装置：为了保证行车安全而在车速表内装设的速度音响报警系统。如果汽车行驶速度达到或超过某一限定车速（如 100 km/h），则车速表内速度开关使蜂鸣器电路接通，发出声音报警。

②机油压力表及低压报警：机油压力表是在发动机工作时指示发动机润滑系统主油道中机油压力大小的仪表。它包括油压指示表和油压传感器两部分。机油低压传感装置在发动机润滑系统主油道中的机油压力低于正常值时，对驾驶员发出警报信号。机油低压报警装置由装在仪表板上的机油低压报警灯和装在发动机主油道上的油压传感器组成。

③燃油表及低油面报警：燃油表用以指示汽车燃料箱内的存油量，它由带稳压器的燃油面指示表和油面高度传感器组成。燃油低油面报警装置的作用是在燃油箱内的燃油量少于某一规定值时立即发亮报警，以引起驾驶员的注意。

④水温表及水温报警灯：水温表的功用是指示发动机气缸盖水套内冷却液的工作温度。水温报警灯能在冷却液温度升高到接近沸点（如 95～98 ℃）时发亮，以引起驾驶员的注意。

4. 空调系统

汽车空调系统（图 3-26）一般主要由压缩机（电控离合器、冷凝器），蒸发器，储液干燥器，管道，膨胀阀，冷凝风扇，真空电磁阀，怠速器和控制系统等组成。汽车空调分高压管路和低压管路。高压侧包括压缩机输出侧、高压管路、冷凝器、储液干燥器和液体管路，低压侧包括蒸发器、积累器、回气管路、压缩机输入侧和压缩机机油池。

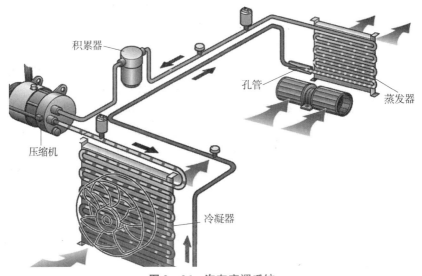

图 3-26 汽车空调系统

（1）压缩机：空调制冷系统的心脏，它是一种使制冷剂在系统内循环的动力源。它的作用是使制冷剂完成从气态到液态的转变过程，达到制冷剂散热凝露的目的。同时在整个空调系统中，压缩机还是管路内介质运转的压力源。

压缩机的旋转轴是通过磁性离合器及皮带与发动机曲轴相连取得动力的，这是因为当装在蒸发器出风口的传感器感知出风的温度不够低时，它就会通过电路使压缩机的磁性离合器闭合，这样压缩机随发动机运转，实现制冷。而当出风温度低于设定的温度时，它则控制磁性离合器切离，这样压缩机就不再工作。如果这一控制失灵，那么压缩机将不断工作，使蒸发器结冰造成管道压力超标，最终破坏系统甚至造成损坏。

（2）冷凝器和蒸发器：都是在一排弯绕的管道上布满散热用的金属薄片，以此实现外界空气与管道内物质的热交换的装置。冷凝器的冷凝指的是其管道内的制冷剂散热从气态凝成液态，经常被安装在车头，与水箱一起接受来自前方的凉风，冷凝器是使其散热冷凝。蒸发器与冷凝器正好相反，它是制冷剂由液态变成气态（蒸发）吸收热量的场所。

（3）储液干燥器：储存制冷剂及吸收制冷剂水分、杂质的装置。一方面，它相当于汽车的油箱，为泄漏制冷剂多出的空间补充制冷剂；另一方面，它又像空气滤清器那样，过滤掉制冷剂中掺杂的杂质。储液干燥器中还装有一定的硅胶物质，起到吸收水分的作用。

（4）管道：由于要注入一定压力的制冷剂，所以必须采用金属管道。特别是从压缩机→冷凝器→制冷剂瓶→膨胀阀这段，由于属于系统的高压段，所以比其他管道有更高的耐高压要求。

汽车空调按动力源可分为独立式空调和非独立式空调。

（1）独立式空调：有专门的动力源（第二台发动机）驱动压缩机的运行，一般用于大中巴汽车上，这是由于大中巴的内部空间位置较大而且对空调运行效果要求更高。独立式空调由于需要两台发动机，燃油消耗高，同时造成较高的成本，并且其维修及维护十分困难，所以局限于大中巴汽车上使用。

（2）非独立式空调：直接利用汽车发动机来运转的空调系统，非独立式空调由主发动机带动压缩机运转，并由电磁离合器进行控制。接通电源时，离合器断开，压缩机停机，从而调节冷气的供给，达到控制车厢内温度的目的。其优点是结构简单、便于安装布置、噪声小。由于需要消耗主发动机 10%～15% 的动力，直接影响汽车的加速性能和爬坡能力。同时其制冷量受汽车行驶速度影响，如果汽车停止运行，其空调系统也停止运行。尽管如此，非独立式空调由于其较低的成本（相对独立式空调），可靠的质量，成为市场的主导产品。目前，绝大部分轿车、面包车、小巴都使用这种空调。

3.3 汽车行驶原理

3.3.1 汽车的驱动力与行驶阻力

汽车的动力性是指汽车在良好路面上直线行驶时由汽车受到的纵向外力决定的、所能达到的平均速度。它表示了汽车以最大可能的平均行驶速度从事交通运输的能力。汽车的动力性是汽车各种实用性能中最重要、最基本的性能。

1. 车轮的工作半径

车轮的工作半径可分为以下几种。

自由半径：车轮在无负荷情况下的半径，只与轮胎充气压力有关，通常指轮胎在标准充气压力下的半径。

静力半径：车轮不转动且只有垂直负荷作用在车轮上，在这种情况下，车轮轴线至支承面间的距离称为车轮静力半径。

动力半径：汽车行驶时，车轮在垂直负荷和圆周力的作用下，车轮轴线至支承面间的距离称为车轮的动力半径。动力半径随车轮的行驶条件而改变：充气压力越高，垂直负荷越小，动力半径越大；圆周力增加，动力半径减小。轮胎圆周力方向的弹性越大，动力半径减小越多，转速增加，作用在轮胎外层的离心力使动力半径增加。轮胎内压力越低，保护层越厚，车轮转速升高时车轮动力半径的增加越明显。

滚动半径：指车轮不滑转，也不滑移，只做纯滚动，并且只有与实际车轮相同的角速度及线速度。滚动半径的影响因素与动力半径基本相同，影响最大的是作用在车轮上的力矩和圆周力。弹性车轮在刚性路面上滚动，并受切向力作用时，由于驱动力和制动力引起的轮胎变形不同，驱动力作用下的滚动半径减小，制动力作用下的滚动半径增大。

2. 驱动轮的驱动力

定义：发动机产生的扭矩经传动系传到驱动轮，产生驱动扭矩 T_t，驱动车轮与路面接触对地面施加一个作用 F_0（图 3-27），其方向与汽车行驶方向相反，大小为 $F_0 = T_t/r$。由于车轮与路面的附着作用，在驱动车轮对路面施加 F_0 的同时，路面对车轮施加一个大小相等，方向相反的反作用力 F_t，F_t 就是汽车的驱动力，其数值为

$$F_t = T_t/r$$

式中　T_t——作用于驱动轮上的转矩；

　　　r——车轮半径。

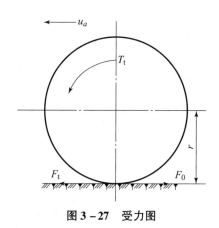

图 3-27　受力图

作用于驱动轮上的转矩 T_t，是由发动机产生的转矩经传动系传到车轮上，驱动轮的扭矩为

$$T_t = T_e i_k i_0 \eta_m \quad （单位\ N \cdot m）$$

式中　r——车轮半径，单位 m；

　　　T_e——发动机的有效扭矩；

　　　i_k——变速器传动比；

　　　i_0——主减速器传动比；

　　　η_m——传动系的机械效率。

因此

$$F_t = \frac{T_e i_k i_0 \eta_m}{r}$$

又因为

$$T_e = \frac{9\,550 P_e}{n}$$

故

$$F_t = \frac{9\,550 P_e i_k i_0 \eta_m}{nr}$$

式中　P_e——发动机的转速为 n 时的功率，kW。

汽车的驱动力与发动机的扭矩、传动系统的各传动比及传动系统的机械效率成正比，与车轮半径成反比。

发动机的转矩随其转速而变化，同一挡位下，汽车的驱动力将随汽车的行驶速度而变化。汽车驱动力与车速 v_a 之间的函数关系曲线 $F_t - v_a$ 即驱动曲线，通常称为汽车的驱动力图，如图3-28所示。

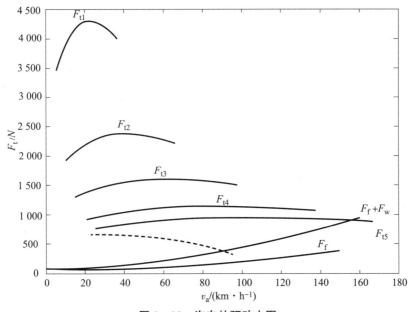

图3-28 汽车的驱动力图

3. 传动系统的机械效率

传动系统的机械效率为

$$\eta_T = \frac{P_{in} - P_m}{P_{in}}$$

式中 P_{in}——输入传动系统的功率；

P_m——传动系统的功率损失。

等速行驶时，发动机产生的效率为

$$\eta_T = \frac{P_e - P_m}{P_e} = 1 - \frac{P_m}{P_e}$$

4. 汽车的行驶阻力

汽车的行驶阻力包括滚动阻力、加速阻力、坡度阻力、空气阻力。其中滚动阻力和空气阻力是在任何行驶条件下均存在的，而坡度阻力和加速阻力仅在一定行驶条件下存在，如在水平道路上等速行驶时就没有坡度阻力和加速阻力。

5. 滚动阻力

车轮滚动时，轮胎与路面的接触区域产生法向、切向的相互作用力以及相应的轮胎和支承路面的变形，轮胎和支承面的相对刚度决定了变形的特点。当弹性轮胎在硬路面（混凝土路、沥青路）上滚动时，轮胎的变形是主要的，此时由于轮胎有内部摩擦产生弹性迟滞损失，使轮胎变形时对它做的功不能全部回收。正是轮胎的这种弹性迟滞损失造成了滚动阻力。

计算公式：$F_f = G_a \cdot f$，其中 G_a 为汽车总重力，$G_a = G_{驱} + G_{从}$，f 为滚动阻力系数，F_f 为速度的函数。

从动滚轮在硬路面上滚动时的受力情况，如图 3-29 所示。

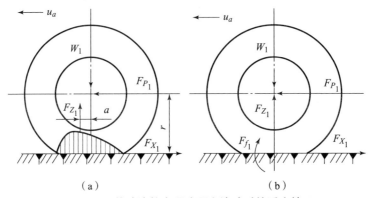

图 3-29 从动滚轮在硬路面上滚动时的受力情况

（a）实际受力图；（b）等效受力图

驱动滚轮在硬路面上等速滚动时的受力情况，如图 3-30 所示。

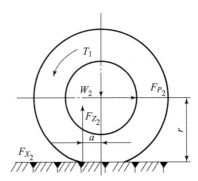

图 3-30 驱动滚轮在硬路面上等速滚动时的受力情况

6. 影响滚动系数的因素

影响滚动系数的因素主要包括道路路面的种类与状况（表 3-1）、轮胎的结构、材料（图 3-31）和胎压以及行驶速度。

表 3-1 道路路面种类及其状态对滚动阻力系数的影响

路面类型		滚动阻力系数	路面类型	滚动阻力系数
良好的沥青或混凝土路面		0.010~0.018	泥泞路面	0.100~0.250
一般沥青或混凝土路面		0.018~0.020	干砂	0.100~0.300
碎石路面		0.020~0.025	湿砂	0.060~0.150
良好的卵石路面		0.025~0.030	结冰路面	0.015~0.030
坑洼路面		0.035~0.050	压紧的雪道	0.030~0.050
压紧土路	干燥的	0.025~0.035		
	雨后的	0.050~0.150		

7. 汽车行驶速度对滚动阻力系数的影响

汽车行驶速度对滚动阻力系数影响很大，当车速在100 km/h以下时，滚动阻力系数逐渐增大但变化不大；当车速在140 km/h以上时，滚动阻力系数随车速的提高而增大较快；当车速增大到一定数值（如200 km/h左右）时，滚动阻力显著增加，此时轮胎发生驻波现象，轮胎周缘不是圆形，而且出现明显的波浪状。

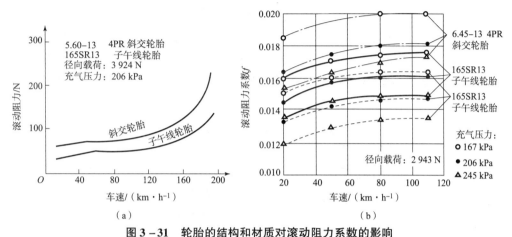

图3-31 轮胎的结构和材质对滚动阻力系数的影响

（a）轮胎的结构对滚动阻力系数的影响；（b）材质对滚动阻力系数的影响

8. 空气阻力

空气阻力可分为压力阻力和摩擦阻力两部分。作用在汽车外形表面上的法向压力的合力在行驶方向的分力称为压力阻力，摩擦阻力是由于空气的黏性在车身表面产生的切向力的合力在行驶方向上的分力。

空气阻力的计算：

$$F_w = \frac{C_D A v_r^2}{21.15}$$

式中 C_D——可通过道路试验、风洞试验等方法测得；

A——汽车在其纵轴的垂直平面上的投影面积；也常用轮距与汽车高度乘积表示；

v_r——相对速度，在无风时即汽车的行驶速度。

空气阻力系数 C_D（表3-2）：轿车的 $C_D=0.25\sim0.40$，概念车的 C_D 甚至已经达到0.2。

表3-2 汽车的空气阻力系数与迎风面积关系

车型	迎风面积 A/m^2	空气阻力系数 C_D
轿车	1.4~1.9	0.32~0.5
货车	3~7	0.6~1.0
客车	4~7	0.5~0.8

9. 坡度阻力

坡度阻力的定义：汽车重力沿坡道的分力 F_i 表现为汽车坡度阻力，如图3-32所示。

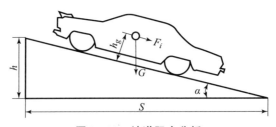

图 3-32 坡道阻力分析

我国各级公路的纵坡标准（表3-3）：根据我国的公路路线设计规范，高速公路平原微丘区最大纵坡为3%，山岭重丘区为5%；一级汽车专用公路平原微丘区最大坡度为4%，山岭重丘区为6%；一般四级公路平原微丘区为5%，山岭重丘区为9%。所以，一般道路的坡度均较小。

表 3-3 我国各级公路的纵坡标准

公路类型	最大纵横坡度/%
高速公路平原微丘区	3
高速公路山岭重丘区	5
一级汽车专用公路平原微丘区	4
一级汽车专用公路山岭重丘区	6
一般四级公路平原微丘区	5
一般四级公路山岭重丘区	9

坡度阻力：$F_i = G \sin \alpha$；

道路坡度：$i = \dfrac{h}{s} = \tan \alpha$，一般道路坡角较小，$\sin\alpha \approx \tan\alpha = i$，所以坡度阻力为 $F_i = Gi$；

道路阻力 F_ψ：由于坡度阻力与滚动阻力都是与道路有关的阻力，且都与汽车重力成正比，即 $F_\psi = F_f + F_i = fG\cos\alpha + G\sin\alpha$。

当坡角 α 较小时，$\cos\alpha \approx 1$，那么 $F_\psi = F_f + F_i = G(f + i)$；

令 $\psi = f + i$，则 $F_\psi = G\psi$（ψ 称为道路阻力系数）。

10. 加速阻力

加速阻力的定义：汽车加速行驶时，克服其质量加速运动时的惯性力，这就是加速阻力 F_j。加速阻力包括平移质量的惯性力和旋转质量的惯性力偶矩，为了便于计算，一般把旋转质量的惯性力偶矩转化为平移质量的惯性力。

加速阻力：$F_j = \dfrac{\delta G}{g} \cdot \dfrac{\mathrm{d}v}{\mathrm{d}t}$

式中 δ——汽车旋转质量换算系数。

δ 主要与飞轮的转动惯量、车轮的转动惯量和传动系统的传动比等有关。在进行动力性计算时，可按经验公式估算：$\delta = 1 + \delta_1 + \delta_2 i_g^2$

式中 δ_1——车轮旋转质量换算系数；

δ_2——飞轮旋转质量换算系数。

3.3.2 汽车行驶的附着条件

地面对轮胎切向反作用力的极限值（最大值）即为附着力

$$F_{Xmax} = F_\varphi = F_Z \varphi$$

式中 F_Z——地面作用在车轮上的法向反力；

φ——附着系数，与路面和轮胎都有关。

常见路面的平均附着系数见表 3-4。

表 3-4 常见路面的平均附着系数

路面条件	附着系数
干沥青路面	0.7~0.8
湿沥青路面	0.5~0.6
干燥的碎石路	0.6~0.7
干土路	0.5~0.6
湿土路	0.2~0.4
滚压后的雪路	0.2~0.3

附着条件：地面作用在驱动轮上的切向反力小于驱动轮的附着力。

后轮驱动时，附着条件

$$\frac{T_t - T_{f2}}{r} = F_{X2} \leq F_{Z2}\varphi$$

式中，X 表示水平方向；Z 表示垂直方向。

后轮驱动时，由附着条件可得

$$C_{\varphi 2} = \frac{F_{X2}}{F_{Z2}}$$

$C_{\varphi 2}$ 为后轮驱动汽车驱动轮的附着率；后轮驱动汽车的附着条件也可以表达为

$$C_{\varphi 2} \leq \varphi$$

前轮驱动时，附着条件是令 $F_{X1} \leq F_{Z1}\varphi$ ， $C_{\varphi 1} = \frac{F_{X1}}{F_{Z1}}$

前轮驱动汽车的附着条件也可以表达为 $C_{\varphi 1} \leq \varphi$。

附着率越小或路面附着系数越大，附着条件越容易满足。

1. 汽车的附着力与地面法向反作用力

汽车在加速上坡时，附着条件不易满足。以下将在此工况下，分析路面作用在车轮上的法向力 F_Z 和切向力 F。

静态分量：

$$F_{Zs1} = G\left(\frac{b}{L}\cos\alpha - \frac{h_g}{L}\sin\alpha\right) , \quad F_{Zs2} = G\left(\frac{a}{L}\cos\alpha + \frac{h_g}{L}\sin\alpha\right)$$

$$F_{Zd1} = -\frac{G}{g}\left(\frac{h_g}{L} + \frac{g}{G}\cdot\frac{\sum I_w}{Lr} \pm \frac{g}{G}\cdot\frac{I_f i_g i_0}{Lr}\right)\frac{du}{dt} , \quad F_{Zd2} = \frac{G}{g}\left(\frac{h_g}{L} + \frac{g}{G}\cdot\frac{\sum I_w}{Lr} \pm \frac{g}{G}\cdot\frac{I_f i_g i_0}{Lr}\right)\frac{du}{dt}$$

动态分量：

空气升力　$F_{Zw1} = \frac{1}{2}C_{Lf}A\rho u_r^2$　　$F_{Zw2} = \frac{1}{2}C_{Lr}A\rho u_r^2$

式中　C_{Lf}——前空气升力系数；

　　　C_{Lr}——后空气升力系数，如图3-33所示。

滚动阻力偶矩产生的部分

$$F_{Zf1} = -G\frac{rf}{L}\cos\alpha$$

$$F_{Zf2} = G\frac{rf}{L}\cos\alpha$$

此项很小，可以忽略不计，忽略旋转质量惯性阻力偶矩和滚动阻力偶矩之后

$$\begin{cases} F_{Z1} = F_{Zs1} - F_{Zw1} - \dfrac{G}{g}\cdot\dfrac{h_g}{L}\dfrac{du}{dt} \\ F_{Z2} = F_{Zs2} - F_{Zw2} + \dfrac{G}{g}\dfrac{h_g}{L}\cdot\dfrac{du}{dt} \end{cases}$$

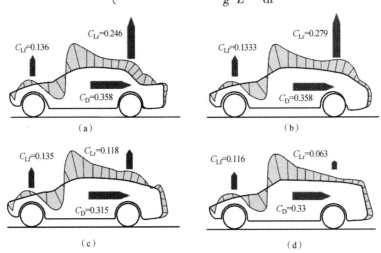

图3-33　不同各种类汽车的空气升力系数

(a) 四门轿车；(b) 双门轿车；(c) 直背式车身轿车；(d) 旅行轿车

2. 作用在驱动轮上的地面切向反作用力

切向反作用力最大值出现在汽车加速爬坡的工况，以下将在此工况下进行分析。将整车分解为从动轮（后轮）（图3-34）、车身（图3-35）、驱动轮（前轮）（图3-36）三部分，分别分析其受力。

从动轮的受力：

$$F_{P2} = m_2\frac{du}{dt} + G_{w2}\sin\alpha + F_{X2}$$

$$F_{X2} = \frac{T_{f2}}{r} + \frac{T_{jw2}}{r}$$

$$F_{X2}r = T_{f2} + T_{jw2}$$

由于T_{jw2}很小，忽略不计。

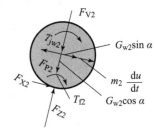

图3-34　从动轮的受力

$$F_{X2} = F_{f2}$$

$$F_{P2} = F_{f2} + G_{w2}\sin\alpha + m_2\frac{\mathrm{d}u}{\mathrm{d}t}$$

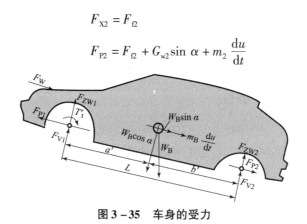

图 3-35 车身的受力

车身的受力：

$$F_{P1} = F_{P2} + F_w + W_B\sin\alpha + m_B\frac{\mathrm{d}u}{\mathrm{d}t}$$

$$F_{P2} = F_{f2} + G_{w2}\sin\alpha + m_2\frac{\mathrm{d}u}{\mathrm{d}t}$$

$$F_{P1} = F_{f2} + F_w + (W_B + G_{w2})\sin\alpha + (m_B + m_2)\frac{\mathrm{d}u}{\mathrm{d}t}$$

驱动轮的受力：

当汽车由前轮驱动时　　$F_{X1} = F_{f2} + F_w + F_i + F'_j$

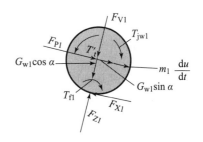

图 3-36 驱动轮的受力

当汽车由后轮驱动时　　$F_{X2} = F_{f1} + F_w + F_i + F'_j$

3.4 汽车的性能指标

3.4.1 汽车的动力性

汽车是一种高效率的运输工具，运输效率的高低在很大程度上取决于汽车的动力性。所以，动力性是汽车各种性能中最基本的、最重要的性能之一。汽车动力性是指汽车在良好路面上直线行驶时由汽车受到的纵向外力决定的、所能达到的平均行驶速度。

汽车动力性主要由以下三个指标来评定。

（1）汽车的最高车速：是指在水平良好的路面上汽车能达到的最高行驶速度。

（2）汽车的加速时间：表示汽车的加速能力，包括原地起步加速时间和超车加速时间。原地起步加速时间是指汽车由一挡或者二挡起步，并以最大的加速强度（包括选择恰当的换挡时机）逐步由某一较低车速全力加速至某一高速的时间。超车加速时间是指用最高挡或者次高挡某一速度全力加速至某一较高速所需的时间。因为汽车超车是与被超车车辆并行，容易发生安全事故，所以超车加速能力强，并行行驶的时间就短，行程也短，行驶就安全。一般常用 0~400 m 的秒数来表明汽车原地起步能力，对超车加速能力还没有一致的规定，采用较多的 0~100 km/h 所需的时间来表明加速能力。

(3) 汽车能爬上的最大坡度：汽车爬坡能力是用满载或者一部分负载的汽车在良好路面上的最大爬坡度表示的。显然，这个爬坡度是一挡的最大爬坡度。越野车的最大爬坡度大概都是60%，也就是角度制的31°左右。

3.4.2 汽车的燃油经济性

评论汽车燃油经济性一般用耗油量或油行程来表示。耗油量是指汽车满载时单位行驶里程所需燃油体积。我国和欧洲都用行驶百千米消耗的燃油数（L）来表示，即L/100 km；油行程是指汽车满载时，单位体积燃油所能行驶的里程，美国就是用每加仑燃油能行驶的里程数来表示，即 mile/gal（英里/加仑）。前一种表示法，数值越小，燃油经济性越好；后一种表示法，数值越大，燃油经济性越好（换算关系：1 gal = 4.546 L，1 mile = 1.609 km）。

汽油的燃油经济性指标与发动机的特性和汽车的自重、车速及各种运动阻力（如空气阻力、滚动阻力和爬坡阻力等）大小，传动系统的效率及减速比等都有关系，因而在数值上往往与实际情况有差别。

3.4.3 汽车的制动性

汽车行驶时能在短时间内停车且维持行驶方向稳定性和在下长坡时能维持一定车速的能力，称为汽车的制动性。汽车的制动性也是汽车的主要性能之一。

自汽车诞生之日起，汽车的制动性就显得至关重要，并且随着汽车技术的发展和汽车行驶车速的提高，其重要性也越来越明显。制动性直接关系到交通安全，重大交通事故往往与制动距离太长、紧急制动时发生侧滑等情况有关。所以，汽车的制动性是汽车行驶的重要保障。

制动效能：即制动距离与制动减速度，是指在良好的路面上，汽车以一定初速制动到停车的制动距离或制动时汽车的减速度，是制动性能最基本的评价指标。制动距离与汽车的行驶安全有直接的关系，它指的是汽车空挡时以一定初速，从驾驶员踩着制动踏板开始到汽车停止为止所驶过的距离。制动距离与制动踏板力以及路面附着条件有关。制动减速度反映了地面制动力，因此它与制动器制动力（车轮滚动时）及附着力（车轮抱死拖滑时）有关。由于各种汽车动力性不同，对制动效能的要求也就不同：一般轿车、轻型货车的行驶速度高，所以要求其制动效能也高；而重型货车行驶速度相对较低，其制动效能的要求也就稍低一些。

制动效能的恒定性：制动过程实际上是把汽车行驶的动能通过制动器吸收转化为热能，汽车在繁重的工作条件下制动时（例如下长坡长时间、连续制动）或高速制动时，制动器温度常在300 ℃以上，有时甚至达到600 ~ 700 ℃，制动器温度上升后，摩擦力矩将显著下降，这种现象就称为制动器的热衰退。所以制动器温度升高后，能否保持在冷状态时的制动效能已成为设计制动器时要考虑的一个重要问题。汽车在高速行驶或下长坡连续制动时制动效能保持的程度，称为抗热衰退性能。制动器抗热衰退性能一般用一系列连续制动时制动效能的保持程度来衡量。根据国际标准，要求以一定车速连续制动15次，每次的制动强度为3 m/s², 最后的制动效能应不低于规定的冷试验制动效能（5 ~ 8 m/s²）的60%（在制动踏板力相同的条件下）。制动器抗热衰退性能与制动器材料和制动器的结构形式有关。

此外，汽车在涉水行驶后，制动器还存在水衰退的问题。当汽车涉水时，水进入制动器，短时间内制动效能的降低称为水衰退。汽车应该在短时间内迅速恢复原有的制动效能。

3.4.4 汽车的操纵稳定性

汽车的操纵稳定性，是指在驾驶员不感觉过分紧张、疲劳的条件下，汽车能按照驾驶员通过转向系统及转向车轮给定的方向（直线或转弯）行驶；且当受到外界干扰（路面不平、侧风、货物或乘客偏载）时，汽车能抵抗干扰而保持稳定行驶的性能。

汽车的操纵稳定性包含相互联系的两个部分：一个是操纵性，另一个是稳定性。操纵性好简言之就是"听话"，汽车能够按照驾驶员的要求运行；稳定性好简言之就是能够抵抗干扰。汽车操纵稳定性涉及的问题较为广泛，它需要采用较多的物理参量从多方面来进行评价。对操纵稳定性有两种评价方法：主观评价和客观评价。

主观评价就是感觉评价，其方法是让试验评价人员根据试验时自己的感觉来进行评价，并按规定的项目和评分办法进行评分。客观评价法是通过测试仪器测出表征操纵稳定性能的物理量，如横摆角速度、侧向加速度、侧倾角及转向力等来评价操纵稳定性的方法。由于主客观评价各有优缺点，所以较为常见的办法是先由人的感觉发现问题，然后用仪器来进行测试。

3.4.5 汽车的平顺性

汽车的平顺性，是指汽车在一般行驶速度范围内行驶时，避免因汽车在行驶过程中所产生的振动和冲击，使人感到不舒服、疲劳，甚至损害健康，或者使货物损坏的性能。由于平顺性主要是根据乘员的舒适程度来评价，所以又称乘坐舒适性，它是现代高速汽车的主要性能之一。

汽车平顺性评价方法大致可分为主观评价法和客观评价法。主观评价法依靠评价人员乘坐的主观感觉进行评价，其主要考虑人的因素。客观评价法是借助于仪器设备来完成随机振动数据的采集、记录和处理，通过得到相关的分析值与对应的限制指标相比较，做出客观评价。近年来，综合运用主、客观评价方法进行平顺性评价的研究取得了很大进展。现行的主观评价方法主要是模糊层次分析法。主观评价法需要根据经验认真规划、需要统计上的无偏见采样，但实际上人们对振动感觉的复杂性使得到的数据存在差异。一般来说，仅使用定性的说明或描述不容易确定行驶平顺性。

目前，世界上主要有四种汽车平顺性客观评价方法，分别是：吸收功率法（average absorbed power）、总体乘坐值法（BS 6841—1987）、VDI 2057（2002）和 ISO 2631（1997）。吸收功率法具有明确的物理意义，但是没有明确规定的舒适界限。因此，只适合现有车型间的平顺性比较，对产品的开发预测及汽车具体结构参数的改进不能提出指导意见。该标准适用的频率范围是 1~80 Hz。

总体乘坐值法由英国标准组织在 1987 年颁布，并被国际标准化组织采纳。该标准使用具有 12 个振动输入的人体坐姿受振模型。在进行舒适性评价时，需要考虑座椅支撑面处输入点3个方向的线振动和该点3个方向的角振动,以及座椅靠背和脚支撑面两个输入点各3个方向的线振动,共3个输入点12个轴向的振动。总体乘坐值法是迄今为止较全面、适合场合较广的振动舒适性评价方法,但由于该法涉及的自由度数目较多,具体考察时需要的要素也较多,操作上较为复杂。该标准适用的频率范围是 0.5~80 Hz。

德国工程师协会(VDI)发布的 VDI 2057 是世界范围内最早的平顺性评价标准。该标准是在分析了大量人员在不同频率和强度的正弦振动下的反应得出的。通过定义合适的平顺性指标 K 系数(K-factor),结合主观感受表进行平顺性评价。该标准适用的频率范围是 1~80 Hz。

国际标准化组织(ISO)在综合大量关于人体全身振动的研究成果基础上,并于1997年公布了 ISO 2631-1:1997(E)《人体承受全身振动评价——第1部分:一般要求》,我国的 GB/T 4970—2009 标准就是据此并进行修正而得的。尽管国际上已经出现很多种平顺性评价方法,但国内外学者和学术团体在平顺性评价问题上所持观点不尽相同,存在很大争议。正因如此,近些年来,许多新的理论方法引入平顺性评价中来,实现了对主观、客观因素的综合评价。其中较典型的包括汽车综合振动舒适度法、模糊评价法和烦躁率分析法。

3.4.6 汽车的通过性

在一定车载质量下,汽车能以足够高的平均车速通过各种坏路及无路地带和克服各种障碍的能力,称为汽车的通过性。

汽车通过性可分为轮廓通过性和牵引支承通过性。前者是表征车辆通过坎坷不平路段和障碍(如陡坡、侧坡、台阶、壕沟等)的能力,后者是指车辆能顺利通过松软土壤、沙漠、雪地、冰面、沼泽等地面的能力。

在松软地面上行驶时,汽车驱动轮对地面施加向后的水平力使地面发生剪切变形,相应的剪切变形所构成的地面水平反作用力,被称为土壤推力。它常比在一般硬路面上的附着力要小得多。汽车在松软地面上行驶时也受到土壤阻力的作用。土壤阻力,是指轮胎对土壤的压实作用、推移作用而产生的压实阻力、推土阻力,以及充气轮胎变形引起的弹滞损耗阻力,它要比在硬路面上的滚动阻力大得多。因此,它们经常不能满足汽车行驶附着条件的要求,这是松软地面限制汽车行驶的主要原因。

牵引车的挂钩牵引力等于土壤最大推力与土壤阻力之差,它表征了土壤强度的储备能力,可用于车辆加速、上坡、克服道路不平的阻力和牵引与挂钩连接的挂车等装备,它也反映了汽车通过无路地带的能力。农林区、矿区、建设工地等使用的车辆和军用车辆,经常行驶在坏路和无路地面上。因此,要求这些汽车应具有良好的通过性。

3.4.7 汽车的环保性

环境与发展是世界各国普遍关注的焦点问题,发展不仅要满足当代人的需要,还要考虑和不损害后代人的生存条件。因此,保护人类赖以生存的环境成为世界共同关心的问题。汽车污染是环境污染的主要途径,为了人类的可持续发展,防治汽车污染已经成了刻不容缓的全球性问题，这就需要我们共同努力在科技创新、节能减排等方面来防治汽车污染。

汽车虽然是21世纪最重要的交通工具，但它有着许多弊端。汽车污染是由汽车排放的废气造成的环境污染，可以说，汽车是一个流动的污染源。在世界各国，汽车污染早已不是新话题。20世纪40年代以来，光化学烟雾事件在美国洛杉矶、日本东京等城市多次发生，造成不少人员伤亡和巨大的经济损失。

进入21世纪，汽车污染日益成为全球性问题。随着汽车数量越来越多、使用范围越来越广，它对世界环境的负面效应也越来越大，尤其是危害城市环境，引发呼吸系统疾病，造成地表空气臭氧含量过高，加重城市热岛效应，使城市环境转向恶化。

汽车尾气的主要污染物是一氧化碳、氮氧化物、碳氢化合物、铅、硫化物等。它们对环境的污染主要表现为产生温室效应，破坏臭氧层，产生酸雨、黑雨等现象。对人体的危害主要表现为造成各种疾病，严重损害呼吸系统，并且具有很强的致癌性。汽车行驶时排出有害物质破坏环境和人体健康。这些有害物质成分非常复杂，主要包括一氧化碳、氮氧化物、碳氢化合物等。一氧化碳是燃料在发动机内燃烧不完全的产物，它与人体血红蛋白的结合力远远强于氧与血红蛋白的结合力，所以一氧化碳削弱了血红蛋白向人体组织输送氧的能力，进而影响神经中枢系统，严重时造成中毒死亡。碳氢化合物是燃料在发动机中燃烧不完全和燃料挥发形成的，它包括多种烃类化合物，部分烃类化合物有致癌性，进入人体后会产生慢性中毒。

21世纪初，世界大多数城市都已禁止使用含铅汽油。要提高汽车尾气污染物排放标准，严格把关，不能让未达到标准的汽油流入市场。

3.4.8 汽车的安全性

汽车安全对于车辆来说分为主动安全和被动安全两大方面。主动安全就是尽量自如地操纵控制汽车。无论是直线上的制动与加速还是左右打方向都应该尽量平稳，不至于偏离既定的行进路线，而且不影响驾驶员的视野与舒适性。这样的汽车，当然就有着比较高的避免事故能力，尤其在突发情况的条件下保证汽车安全。被动安全是指汽车在发生事故以后对车内乘员的保护，如今这一保护的概念已经延伸到车内外所有的人甚至物体。由于国际汽车界对于被动安全已经有着非常详细的测试细节的规定，所以在某种程度上，被动安全是可以量化的。

随着中国汽车工业的飞速发展和汽车保有量的大幅提高，我国每年由于交通事故造成的人员伤亡和财产损失也在随之大幅的增加，汽车的被动安全性能也就自然而然地越来越受到广大国人的关注。厂家也越来越多地把自己产品的安全性当作宣传的重点，越来越多的世界最新的安全技术研究成果被引进中国，越来越多的中国的工程师和研发人员开始专注于这一领域。NCAP（新车碰撞测试）体系被引入中国，各种CAD、CAE以及碰撞计算软件被引入中国。

汽车安全技术涉及的范围越来越广、越来越细，并朝着集成化、智能化、系统化、全员化的方向发展。

（1）集成化：将汽车主动安全技术与被动安全技术进行融合，获得更好的安全保护效果。

（2）智能化：未来的汽车是移动的电脑平台，智能制动、智能减速和智能转向将是未来智能汽车的基本特征，GPS（全球定位系统技术）、智能避撞系统、智能驾驶系统、智能轮胎、智能悬架、智能安全气囊等设备，都将在汽车上发挥越来越大的作用。

（3）系统化：将汽车、道路、人纳入一个系统来分析研究，让三者相互协调，达到各自性能的最佳匹配，实现驾驶员行为特征、车辆机械特性及道路设施和交通法规之间的最优协调，追求系统整体的最佳效益。

（4）全员化：在事故发生瞬间极力挽救或减缓人员伤害的被动安全技术，绝大多数是基于保护车内乘员的设计理念。例如，安全带、安全气囊及可吸能转向柱等。今后，汽车安全技术正朝着兼顾车内、车外人员安全的全员化方向发展。

第4章　汽车学科的前沿技术

4.1　机械新技术

4.1.1　可变压缩比技术

采用可变压缩比的目的在于提高增压发动机的燃油经济性。在增压发动机中，为了防止爆震，其压缩比低于自然吸气式发动机。在增压压力低时热效率降低，使燃油经济性下降。特别是在涡轮增压发动机中由于增压度上升缓慢，在低压缩比条件下扭矩上升也很缓慢，形成增压滞后现象。发动机在低速运行时，增压作用滞后，要等到发动机加速至一定转速后增压系统才起作用。为了解决这个问题，可变压缩比是重要方法。在增压压力低的低负荷工况使压缩比提高到与自然吸气式发动机的压缩比相同或超过，另外，在高增压的高负荷工况下适当降低压缩比。换言之，随着负荷的变化连续调节压缩比，以便能够从低负荷到高负荷的整个工况范围内有效提高热效率。

4.1.2　增压发动机

汽车发动机增压是指将进入发动机气缸的空气或可燃混合气预先进行压缩或压缩后再加以冷却，以提高进入气缸的空气或可燃混合气的密度，从而使充气质量增加，并在供油系统的适当配合下，使更多的燃料充分燃烧，达到提高发动机动力性、提高比功率、改善燃料经济性、降低废气排放和噪声的目的，这样的发动机称为增压发动机。增压技术主要有以下几种：

1. 机械增压系统

机械增压系统安装在发动机上并由皮带与发动机曲轴相连接，从发动机输出轴获得动力来驱动增压器的转子旋转，从而将空气增压吹到进气歧管里。其优点是涡轮转速和发动机转速相同，因此没有滞后现象，动力输出非常流畅。但是由于装在发动机转动轴里面，因此还是消耗了部分动力，增压效果并不高。

2. 气波增压系统

气波增压系统利用高压废气的脉冲气波迫使空气压缩。这种系统增压性和加速性好但是整个装置比较笨重，不太适合安装在体积较小的轿车里面。

3. 废气涡轮增压系统

废气涡轮增压系统是我们平时常见的涡轮增压装置，增压器与发动机无任何机械联系，实际上是一种空气压缩机，通过压缩空气来增加进气量。它是利用发动机排出的废气惯性冲力来推动涡轮室内的涡轮，涡轮又带动同轴的叶轮，叶轮压缩由空气滤清器管道送来的空气，使之增压进入气缸。当发动机转速增快，废气排出速度与涡轮转速也同步增快，叶轮就会压缩更多的空气进入气缸，空气的压力和密度增大可以燃烧更多的燃料，相应增加燃料量就可以增加发动机的输出功率。一般而言，加装废气涡轮增压器后的发动机功率及扭矩要增大20%～30%。但是废气涡轮增压器技术也有其不足，那就是泵轮和涡轮由转子轴相连，发动机排出的废气驱动泵轮，泵轮带动涡轮旋转，涡轮转动后给进气系统增压。增压器安装在发动机的排气一侧，所以增压器的工作温度很高，而且增压器在工作时转子的转速较高，可达到每分钟十几万转，如此高的转速和温度使得常见的机械滚针或滚珠轴承无法保障转子工作，因此涡轮增压器普遍采用全浮动轴承，由机油来进行润滑，还有冷却液为增压器进行冷却。

4. 复合增压系统

复合增压系统即废气涡轮增压和机械增压并用，这种装置在大功率柴油机上应用比较多，其发动机输出功率大、燃油消耗率低、噪声小，但结构太复杂，技术含量高，维修保养不容易，因此很难普及。

4.1.3 混合动力

广义上说，混合动力汽车（hybrid vehicle）是指车辆驱动系统由两个或多个能同时运转的单个驱动系统联合组成的车辆，车辆的行驶功率依据实际的车辆行驶状态由单个驱动系统单独或共同提供。随着世界各国环境保护的措施越来越严格，混合动力车辆由于其节能、低排放等特点成为汽车研究与开发的一个重点，并已经开始商业化。

通常所说的混合动力汽车，一般是指油电混合动力汽车（Hybrid Electric Vehicle，HEV），即采用传统的内燃机（柴油机或汽油机）和电动机作为动力源，也有的发动机经过改造使用其他替代燃料，如压缩天然气、丙烷和乙醇燃料等。

混合动力汽车使用的电动力系统中包括高效强化的电动机、发电机和蓄电池。蓄电池使用的有铅酸电池、镍锰氢电池和锂电池，将来应该还能使用氢燃料电池。

根据混合动力驱动的连接方式，一般把混合动力汽车分为三类。

1. 串联式混合动力汽车

串联式混合动力汽车（SHEV）主要由发动机、发电机、驱动电机等三大动力总成用串联方式组成了HEV的动力系统。

2. 并联式混合动力汽车

并联式混合动力汽车（PHEV）的发动机和发电机都是动力总成，两大动力总成的功率可以互相叠加输出，也可以单独输出。

3. 混动式混合动力汽车

混动式混合动力汽车（PSHEV）综合了串联式和并联式的结构而组成的电动汽车，主要由发动机、电动-发电机和驱动电机三大动力总成组成。

我国混合动力汽车主要集中在华东地区、华北地区和华中地区，以上三个地区的混合动力汽车占到了全国的65.1%，特别是华东地区的混合动力汽车占到全国的27.3%，其中安徽、浙江、福建三省政府纷纷出台对混合动力汽车的补贴政策，促进了华东地区混合动力汽车的发展。华中和华南地区混合动力汽车分别占到了22.9%和14.9%，西部地区由于经济发展比较落后，因此混合动力汽车发展比较缓慢，但是随着国家对西部地区的重视，不断出台相关政策加快西部地区的经济发展，未来混合动力汽车在西部地区也将有很好的发展空间。

混合动力汽车的优点有以下几个：

（1）与传统汽车相比，由于内燃机主要工作在最佳工况，油耗非常低。

（2）内燃机主要工作在最佳工况点附近，燃烧充分，排放气体较干净；起步无怠速（怠速停机）。

（3）不需要外部充电系统，一次充电续驶里程、基础设施等问题得到解决。

（4）电池组的小型化使整车成本和质量低于电动汽车。

（5）发动机和电动机动力可互补，低速时可用电动机驱动行驶。

在目前的技术水平和应用条件下，混合动力汽车是电动汽车中最具有产业化和市场化前景的车型。混合动力汽车采用内燃机和电动机作为混合动力源，它既有燃料发动机动力性好、反应快和工作时间长的优点，又有电动机无污染和低噪声的长处，实现了发动机和电动机的最佳匹配。

4.2　电子新技术

4.2.1　自适应巡航控制系统

自适应巡航控制系统（ACC）是一种智能化的自动控制系统，它是在早已存在的巡航控制技术的基础上发展而来的。在车辆行驶过程中，安装在车辆前部的车距传感器（雷达）持续扫描车辆前方道路，同时轮速传感器采集车速信号。当与前车之间的距离过小时，ACC控制单元可以通过与制动防抱死系统、发动机控制系统协调动作，使车轮适当制动，并使发动机的输出功率下降，以使车辆与前方车辆始终保持安全距离。

通过车距传感器的反馈信号，ACC控制单元可以根据靠近车辆物体的移动速度判断道路情况，并控制车辆的行驶状态；通过反馈式加速踏板感知的驾驶员施加在踏板上的力，ACC控制单元可以决定是否执行巡航控制，以减轻驾驶员的疲劳。自适应巡航控制系统一般在车速大于25 km/h时才会起作用，而当车速降低到25 km/h以下时，就需要驾驶员进行人工控制。通过系统软件的升级，自适应巡航控制系统可以实现"停车/起步"功能，以应对在城市中行驶时频繁停车和起步情况。

与普通巡航系统不同，自适应巡航控制系统能自动锁定前车车速，随前车加速而加速，当然，前车减速也会随之减速。驾驶员完全可以将脚从踏板上移开，只要关注于方向盘即可，能大幅降低长途驾驶所带来的疲劳。该系统尤其适合车队行驶，只要头车控制好车速，后面的车辆基本仅需掌控方向即可。不过，目前出现在国内的自适应系统只能"自适应刹车"，而不能"自适应加速"，其功能还有待进一步完善。

4.2.2　自动泊车系统

自动泊车系统就是不用人工干预，自动停车入位的系统。自动泊车系统，可以使汽车自动地以正确的停靠位泊车，该系统包括环境数据采集系统、中央处理器和车辆策略控制系统，所述的环境数据采集系统包括图像采集系统和车载距离探测系统，可采集图像数据及周围物体距车身的距离数据，并通过数据线传输给中央处理器；所述的中央处理器可将采集到的数据分析处理后,得出汽车的当前位置、目标位置以及周围的环境参数,依据上述参数做出自动泊车策略,并将其转换成电信号;所述的车辆策略控制系统接收电信号后,依据指令做出汽车的行驶,如角度、方向及动力支援方面的操控。

4.2.3 车载智能前照灯光系统

驾驶视野的好坏直接影响到行车安全。国际上一项统计表明:夜间发生的交通事故大约是白天的3倍,在具有良好照明条件道路上的交通事故只有在没有照明或照明条件不良道路上的30%。因此,为改善交通条件,减少交通事故,人们对改进汽车灯光系统给予更多关注。

车载智能前照灯光系统主要由各种传感器提供的信息,经计算机处理后,调节灯光。其目的是根据不同的天气条件(如下雨、大雾、下雪等)及车辆行驶速度、道路几何状态,以及车流密度等,来改变光照的形状、相对强度以及照射的方向。具体可有以下几种情况:

1. 远光随车速而变

车速高则光照得远而且比较窄,当车速减慢则光照得近而宽。根据加速踏板的位置或直接由车速数据进行处理。

2. 自动高度调节

自动高度调节以保持近光在一定高度,避免使迎面驶来的车辆炫目。这可以直接根据灯光在地面的分布来调节,也可根据车身相对车桥之间的间隙来调节。

3. 转弯时改变照射方向

根据方向盘转角、车速、转向指标信号以及导航系统中的道路信息计算出前照灯的转角。根据行驶条件实时变更前照灯的各项参数,以达到最佳照明状态。欧洲已经组织了汽车制造商、灯具系统供应商及灯具制造商一同参加的工作组,开展研究以使在灯光设计上能有更大的自由度,逐渐走向适应式灯光,并提出新法规的建议。目前,各公司都已有不同的样品在进行试验,并且有的智能式前照灯已装在最新样车上。

4.2.4 车载抬头显示系统

抬头数字显示仪(Heads Up Display,HUD),即风挡玻璃仪表显示,又叫平视显示系统,它可以把重要的信息,映射在风挡玻璃上的全息半镜上,使驾驶员不必低头,就能看清重要的信息,提高安全系数。这种显示系统,原是军用战斗机上的显示系统,飞行员不必低头,就能在风挡玻璃上看到所需的重要信息。目前,一些高级汽车上已有应用。

汽车上引入HUD抬头显示器的主要目的是保证驾驶员安全稳定地驾驶。使驾驶员不用低头就可以看到相关信息,将更多的精力放到观察路面情况上,与此同时也可以缓解驾驶员在观察远处道路情况与近距离查看导航、车辆信息过程中,由于视线频繁转换引发的视觉疲劳。而对于那些经常使用手机导航软件的车主来说,一款功能齐全、品质可靠的抬头显示器,可以更为直观地显示导航信息,从而提高行车安全性。

4.2.5 自动防炫目后视镜

研究表明,夜间行车时,后方车辆的前大炫光会造成驾驶员夜盲。即使炫光光源移开后,残留在眼睛内的影像会造成盲点,这种现象被称为"百癜效应"。这种效应会使驾驶员的反应时间降低 1.4 s。当汽车以 100 km/h 行驶时，驾驶员对前面的危险做出反应之前，1.4 s 时间足以行驶 40 m 左右，这无疑极大地增加了撞车或车内乘客受伤的风险。

防炫目后视镜由一面特殊镜子和两个光敏二极管及电子控制器组成，电子控制器接收光敏二极管送来的前射光和后射光信号，安装在车厢前风挡玻璃下面。其可分为手动防炫目后视镜和自动防炫目后视镜。

在被后面车辆的大灯照射时，车内防炫目后视镜具有一个不断变化的防炫功能。当后面灯光亮度大于前面灯光亮度，这时电子控制器将输出一个电压到导电层上并改变电液颜色，电压越高，电液颜色越深，此时即使照到后视镜上的光线再强，经车内防炫目后视镜反射到驾驶员眼中也会变暗，并不耀眼。自动防炫目后视镜固然能防炫目，但车辆在从车库倒车出来时，由于车后面的光线较强而车前面光线弱，此时后视镜如变暗就不利于倒车时看清车后情况，因此一些汽车便设计成当汽车挂倒挡时能自动取消防炫目功能，或者也可以用开关手动取消该功能。

4.3 安全新技术

4.3.1 车载红外夜视系统

红外夜视系统，是利用红外线技术能将黑暗变得如同白昼，使驾驶员在黑夜里看得更远更清楚。夜视系统的结构由两部分组成：一部分是红外线摄像机，另一部分是风挡玻璃上的光显示系统。

1. 简介

装上这种红外夜视系统后，驾驶员通过光显示系统就可像白天一样看清路况。当两车交会时，该系统可以大大降低前方汽车灯强光对驾驶员视觉的不良刺激，还可以提高驾驶员在雾中行车的辨别能力。

汽车已有 100 多年历史，引领历史发展的永远是技术。汽车技术在汽车普及和改善人类生活方面起到至关重要的作用。

在当今，消费者购车时更多地关心车辆的品质和性价比，但其实适当关注一下汽车最新的配置也不无裨益，至少能了解现在汽车到底发展到怎样的水平，新技术又提供了怎样的生活。

2. 典型车辆

奔驰新 S 级采用了液晶仪表盘，在夜晚时，该仪表盘会变成夜视系统的显示屏，由于屏幕位置就在驾驶员前，所以观察起来非常方便。宝马 7 系也有相似的系统，只不过，红外影像是显示在中控台液晶屏上的，所以观看起来并不如奔驰 S 级那样方便。但宝马 7 系夜视系统还有一个很智能的优点，就是当红外探测仪在前方道路边发现行人时，会用一个醒目的黄色标识提示驾驶员小心，这一点不但体现车辆的科技性也提升了主动安全性。

4.3.2 爆胎监测与安全控制系统

爆胎监测与安全控制系统（Blow-out Monitoring and Brake System，BMBS），是吉利全球首创，并拥有自主知识产权及专利的一项安全技术。这项技术主要是出于防止高速爆胎所导致的车辆失控而设计的。BMBS 爆胎监测与安全控制系统技术于 2004 年 1 月 28 日正式获得中国发明专利授权。2008 年第一代 BMBS 系统正式与世人见面，BMBS 汇集国内外汽车力学、控制学、人体生理学、电子信息学等方面的专家和工程技术人员经过 100 余辆车的试验。

1. 产品原理

BMBS 技术方案的核心是采用智能化自动控制系统，弥补驾驶员生理局限，在爆胎后反应时间为 0.5 s，替代驾驶员实施行车制动，保障行车安全。BMBS 系统由控制系统和显示系统两大部分组成：控制系统由 BMBS 开关、BMBS 主机、BMBS 分机和 BMBS 真空助力器四部分组成，显示系统由 GPS 显示、仪表指示灯、语言提示和制动双闪灯组成。

2. 主要功能

1）BMBS 监测功能

当轮胎气压高于或低于限值时，控制器声光提示胎压异常。当轮胎温度过高时，控制器发出信号提示轮胎温度过高。发射器电量不足时，控制器显示低电压报警。发射器受到干扰长期不发射信号时，控制器显示无信号报警。当汽车电门钥匙接通时，BMBS 首先进入自检程序，检测系统各部分功能是否正常，如不正常，BMBS 报警灯长亮。

2）爆胎智能控制功能

遇到爆胎事故，且车速在 80 km/h 或以上，BMBS 的安全控制起动，BMBS 系统会在 0.5 s 的时间内，实施渐进式自动制动，将车速降至 40 km/h 的安全车速。BMBS 与 ABS（制动防抱死系统）和 EBD（电子制动力分配）相结合，使车轮不长时间抱死，避免车轮抱死导致汽车跑偏、侧滑和甩尾的现象发生，确保车安全可靠。爆胎监测与安全控制系统由爆胎监测模块（分机）、微电脑智能控制器（主机）、电控行车制动器（制动设备）、显示终端（GPS、仪表）等部件组成。其采用的增强型天线及接收电路设计，3 倍于常规胎压监测系统的接收有效率。制动控制部分为双路冗余驱动，当一路控制驱动出现问题时，第二路驱动将会起动以保证系统运作正常。

4.3.3 不用充气的轮胎

免充气轮胎是指不借助空气压力，而实现减振缓冲性能的轮胎。

长期以来，车辆普遍使用的轮胎是充气轮胎。这种轮胎是英格兰人发明的，在国际上他获得了第一个充气轮胎的专利权。这种轮胎在应用中，因容易漏气、爆破而经常需要充气、换胎、补胎，给人们的生产、生活带来很大不便。特别是车辆在高速运行时，会因突然爆胎出现车毁人亡等重大交通安全事故，国内外许多科研和生产部门投入大量人力、财力、物力，试图解决轮胎的免充气和安全问题，但一直没有实现突破性进展。如 20 世纪中期，西德的希奈尔公司研制一种用纤维填充物填充聚氨酯混炼型橡胶生产的实心胎，因缓冲性能差而被淘汰。1977 年美国卡尔菲利公司研制一种泡沫免充气自行车胎，这种轮胎因耐老化性能和耐候性能差等缺点，也未能投入实际生产运用。

多年来，北京橡胶研究院、河北橡胶研究所、上海橡塑研究所和徐州橡胶厂、青岛轮胎二厂、华林橡胶厂、湛江橡胶厂、威海轮胎有限公司等单位投入大量的人力物力，在免充气轮胎生产技术上做了大量的研究工作，初步研究出了三种产品：第一种是实心胎，这种轮胎的缺点：材料消耗大，胎体沉重，成本高，易爆破，不具备实用价值。第二种是纤维实心胎，这种轮胎的缺点：生产工艺难度大，动力消耗高，胎体沉重，缓冲性能差，成本高，也不具有实用价值。第三种是泡沫实心胎，这种轮胎的缺点是：其胎体为塑料发泡而成，故耐候性较差，老化速度快，易松弛脱胎，尤其是连续较高速度运行时胎心泡沫部分迅速软化，继而碎裂而无法使用，此种轮胎多年前就已试制，至今在实际应用方面尚未取得进展。

4.3.4 电子稳定装置

车身电子稳定系统（ESP），是一种可以控制驱动轮，也可以控制从动轮的牵引力控制系统，包含 ABS 及 ASR（防侧滑系统）的汽车防滑装置。

1. 发展历程

目前，ESP 安全包包含主动安全措施最全面的应属德国大众，大众汽车公司 ESP 主动安全系统包含了 ABS、EBD（电子差速锁）、EDL、ASR、MSR（发动机阻力矩控制系统）、CBC（弯道自动控制）等全面的主动安全配置，集成众多主动安全措施为乘员提供全方位的主动安全保障。这样的主动安全包相比单独运行的主动安全措施，有着互通有无、协同联动的优势。如果说 ABS、EBD、EDL、ASR 等安全措施是独立作战的单位，那么 ESP 就是能够将其所有单位统一指挥、协同作战的集团军。

ESP（欧美车称作 ESP，日本车称作 VSC 或者 VSA）已经在欧美等国家作为汽车标准配置被强制安装，如在德国，已有超过 70% 的新注册车辆都配备了 ESP。在高档车上，ESP 已经成为标准配置，在中档车上的装配率也迅速提高，在紧凑型车上装配率稍低。然而，在我国，ESP 的装配率还比较低，目前，仅在高档豪华车上比较常见。这方面，一向严谨的德国汽车制造商就做得比较好，售价仅十几万的速腾也一样将 ESP 作为标配。除了速腾，大众汽车更是将 ESP 装备在了"甲壳虫"、Golf GTI、辉腾、迈腾、途锐等大众全系车上。同时，值得我们关注的是，与凯美瑞同级别的新上市的迈腾，抛开高刚性车身不讲，光主被动安全配置就遥遥领先了。装备了 ESP 系统的车辆，在发生意外的时候，比一般车型在重伤率上能够降低 25%，死亡率更是可以降低 35%。

厂商在宣传新车时经常拿配置大做文章，如倒车雷达、仿桃木内饰都经常被拿来当卖点。实际上这些东西并没有多大价值，一个倒车雷达在汽配城仅售几十元钱。倒是不少厂家以汽车的辅助安全配置说事儿，因为这些配置成本较高，像 ESP 目前就没有几家厂商作为标配安装在车上，而这些配置才是真正关乎消费者利益的配置。

ESP 被多家世界著名的汽车厂商和研究机构称为"能拯救生命的 ESP"，德国的一项研究表明：25% 造成严重伤害的交通事故和 60% 引起死亡的交通事故都是因为车辆侧滑所致。而装配有电子稳定程序 ESP 的车辆情况就不同了：ESP 对过度转向或不足转向特别敏感，能够迅速识别出这种危险情况并且反应快如闪电，精确地干预制动方式，使车辆安全地行驶在正确的轨迹上并防止车辆侧滑。所以，和只有 ABS + ASR 配置的汽车相比，ESP 不只是在事故发生时为驾乘人员提供保护，而且是有效地避免了事故的发生。

2. 工作原理

车辆左转出现转向不足时（即车速越高，汽车转向半径越大），ESP 将转向不足的相关消息告诉电脑单元，电脑单元发出信号控制左后轮制动；当车辆左轮出现转向过多时（即车速越高，汽车转向半径越小，严重时发生甩尾），ESP 能够控制右前轮制动，减小发动机的输出功率，纠正错误转向姿势。直线刹车由于地面附着力不均匀出现跑偏的时候，ESP 会控制附着力强的轮子减小制动力,让车按照驾驶员预想的行驶线路前进。同样当一边刹车一边转向的时候,ESP 也会控制某些车轮增大制动力或者减小制动力让车子按照驾驶员的意图行进。

4.3.5 车辆预防疲劳驾驶系统

1. 国内外的发展现状

许多国家都比较重视疲劳驾驶预警系统的研究工作,早期的疲劳驾驶测评主要是从医学角度出发,借助医疗器件进行的。这些研究可以追溯到 1935 年美国交通部管辖的洲际商业协会(Interstate Commerce Commission,ICC)要求美国公共卫生服务署(United States Public Health Service,USPHS)对城市商业机动车驾驶员服务时间(hours of service)管理条例的合理性所进行的调查,但是对疲劳驾驶的实质性的研究工作,是从 20 世纪 80 年代由美国国会批准交通部实施驾驶服务时间(HOS)改革,研究商业机动车驾驶和交通安全的关系,并健全卡车和公共汽车安全管理条例开始的,由此把疲劳驾驶的研究提到立法高度,保证了开展疲劳驾驶研究的合法性、有效性和持续性。其研究工作大致可以分为两大类:一是研究疲劳瞌睡产生的机理和其他各种诱发因素,寻找能够降低这种危险的方法;二是研制车辆智能报警系统,防止驾驶员瞌睡状态下驾驶。20 世纪 90 年代,疲劳程度测量方法的研究有了很大的进展,许多国家已开始了疲劳驾驶车载电子测量装置的开发研究工作,尤以美国的研究发展较快。研究成果中具有代表性的有以下几项:

1)美国研制的打瞌睡驾驶员侦探系统(Drowsy Driver Detection System,DDDS)

该系统采用多普勒雷达和复杂的信号处理方法,可获取驾驶员烦躁不安的情绪活动、眨眼频率和持续时间等疲劳数据,用以判断驾驶员是否打瞌睡或睡着,该系统可制成体积较小的仪器,安装在驾驶室内驾驶员头顶上方,完全不影响驾驶员正常的驾驶活动。

2)方向盘监视装置(Steering Attention Monitor,SAM)

这是一种监测方向盘非正常运动的传感器装置,适用于各种车辆。方向盘正常运动时传感器装置不报警,若方向盘 4 s 不运动,SAM 就会发出报警声直到方向盘继续正常运动为止。SAM 被固定在车内录音机旁,方向盘下面的杆上装有一条磁性带,用以监测方向盘的运动。使用 SAM 并不意味延长驾驶时间,而是要提醒驾驶员驾车时不要打瞌睡。另外,SAM 与录像机配合使用可以为保险公司提供证据。

3)日本研制的 DAS2000 型路面警告系统(DAS2000 road alert system)

这是一种设置在高速公路上用计算机控制的红外线监测装置,当行驶车辆摆过道路中线或路肩时,向驾驶员发出警告。

4)反应时测试仪(Psychomotor Vigilance Test,PVT)

根据驾驶员对仪器屏幕上随机出现的光点的反映(光点出现时敲击键盘)速度测试驾驶员的反应时,用以判断其疲劳程度。

5)日本研制的电子"清醒带"

使用时将其固定在驾驶员头部,将"清醒带"一端的插头插入车内点烟器的插座,装在带子里的半导体温差电偶使平展在驾驶员前额部位的铝片变凉,使驾驶员睡意消除,精神振作。

我国的疲劳驾驶预警系统的研究起步较晚,目前比较成型的是通过传感器测量驾驶员驾驶时方向盘、踏板等的运动参数来判别驾驶员的安全因素，发现方向盘的操纵情况与驾驶员的疲劳程度有一定的联系，如方向盘较长时间不动，说明驾驶员在打瞌睡。

2. 驾驶员预警系统的发展趋势

目前，对驾驶员预警系统进行研究逐渐引起许多国家的关注和重视，但到目前为止实用的产品尚未推出，系统监测的准确性、可靠性和有效性亟待提高，今后其发展将呈现以下趋势。

（1）深入认识研究疲劳驾驶的特性及形成机理。人们将会结合心理学的最新研究成果，从生理学、生物化学、人机工程学、行为科学等多门学科的角度深入研究驾驶员疲劳的形成机理，并揭示其形成机理的本质，为系统实时监测驾驶员的疲劳状态提供理论依据。

（2）准确建立起描述驾驶行为与疲劳之间关系的数学模型。利用目前常用的接触式检测方法找出疲劳驾驶的表征及原因，为实时的、客观的非接触式检测方法确定合理的疲劳驾驶检测标准。

（3）建立可靠的驾驶疲劳评价体系。随着脑成像技术以及认知神经科学的飞速发展，系统地研究认知疲劳过程和功能状态，并通过大量的实验研究，探讨确定详细的驾驶疲劳评价标准。

（4）进一步融合多种信息提高疲劳驾驶监测系统的可靠性将是今后的重点研究方向之一。随着智能传感器、数字图像处理、移动通信、模式识别、计算机科学、自动控制、信息处理、DSP（数字信号处理器）等技术的大力推广和发展，使其对驾驶员疲劳程度进行定性和定量相结合的检测以达到提高检测准确性的目的。

（5）设计可靠、低廉、有效、便携的疲劳驾驶监测系统，促进疲劳驾驶预警系统的产品化和商品化。要在汽车上普及成功安装、使用疲劳驾驶预警系统：首先是对驾驶员的驾驶行为不产生干扰，方便驾驶员的驾驶；其次是必须绝对准确、可靠；最后必须保证价格低廉，使有关公司及车主在费用上能轻松承担。利用数字移动通信和无线传感技术开发驾驶员疲劳驾驶网络监控系统可扩大疲劳驾驶监控系统的时空覆盖范围，加强交通管理部门的监管，将是今后疲劳驾驶监测系统的一个重要发展方向。

4.3.6 车辆防追尾系统

车辆防追尾系统不但可以防止高速公路汽车追尾，而且具有防止对面碰撞、绕过障碍物、防止汽车撞人等许多优点。随着技术的不断完善，该系统可以满足更多的要求。目前，实际应用中较为困难的是超声波成像系统，以及随后的图像处理部分，它涉及图像处理的小波分析、系统辨识、模式识别和专家系统等多种现代控制技术。整个系统的信号处理还需模糊控制理论作为基础。它的工作环境恶劣，需抗振和抗干扰噪声，这又增加了辅助设备及机构。

该系统分为六个子系统和一个数据库管理子系统，各子系统的组成和基本功能分别如下。

（1）系统自检子系统：是在汽车起动的同时，检测防追尾系统是否工作正常，防止系统出错。若正常，则起动汽车；否则，提示驾驶员，该系统不能正常工作，请求检修。

（2）行车环境监测子系统（包含信号采集）：是防追尾系统的最基本的子系统，整个系统的判断是由它提供的数据。行车环境监测系统由测量车间距离和前面车辆方位的电磁波发射接收系统及能够判定路面状态的路况监测传感器组成，发射系统起测距和成像作用。电磁波发射后，经障碍物反射，由接收系统接收到信号以备后面的其他子系统处理。这里的电磁波发射可以选用雷达激光扫描仪，或者超声波发射器，或者红外线测量仪，后面还涉及成像分析和信号处理。红外测量仪只能测距；超声波发射器和后面的信号处理系统可以识别障碍物，且图像处理也不是很麻烦；但是雷达激光扫描仪存在后续信号处理困难的问题。路况监测传感器的作用是监测路况，以及路面能达到的最大加速度、轮胎和路面的附着力。此子系统中还有测定本车速度的传感器。

（3）信号处理子系统：是车辆防追尾系统的核心，它可由专门的数字信号处理芯片及其外围设备构成，也可用单片机处理，但考虑到其信号处理复杂且有图像处理，一般的单片机可能无法达到要求，所以推荐用 DPS 芯片处理数据。信号处理子系统接收到行车环境监测子系统的信号后，经 A/D 转换、数字滤波、小波分析和图像识别，判断前面接收到的信号（障碍物）是什么。若是汽车（主要处理情况），则提取数据并计算相对速度，再结合路况监测传感器传回的数据，判断是否有追尾的可能，即计算追尾概率的大小。要是有可能（概率大），提示驾驶员减速；若驾驶员没有动作，则在一定的时间延迟后，起动电子控速子系统；在一定的安全临界距离时，若按当前速度，还有追尾的可能，则起动自动转向子系统。若是其他障碍物，直接进入下一步。

（4）提示子系统：含有报警和语音装置。当追尾概率大时，起动提示子系统，用语音提示驾驶员减速，发出报警声。由于人的反应时间由反应知觉时间和动作时间两部分组成，而人对听觉的反应时间为 120~160 ms，同时，反应时间还与刺激信号的强度有关，对中强度声音的反应时间为 119~121 ms，对弱强度声音的反应时间为 183~184 ms。所以，可用中强声音作提示语音和报警声，这也是选取延迟时间的主要依据。如果在延迟时间后，驾驶员还没有动作，则报警装置一直报警，直到驾驶员制动开始。若在报警提示后，驾驶员即刻制动，报警声自动停止。

（5）自动转向子系统：是当前车和后车超出临界最小距离时，信号处理子系统计算出目前的减速度不能避免追尾且前面的车没有转向，则自动转向子系统起动，后车自动转向，这是该系统的最后防御系统。

（6）速度控制子系统：并不是控制汽车的最高速度，而是在高速公路上的追尾事故中"高速"。其工作原理是：系统首先设定最高速度（如 140 km/h），当超过设定速度时，系统提示驾驶员小心行驶，而追尾概率达到一定程度时，驾驶员还没有动作，则起动自动减速装置，从而避免追尾。

4.3.7 车辆并线辅助系统

车辆并线辅助系统也称盲区监测，作为一项汽车智能安全技术，能够通过安装的电子控制系统，在左右两个后视镜内或者其他地方提醒驾驶员后方安全范围内有无障碍物或来车。从而消除视线盲区，提高行车安全，对初学驾驶员帮助很大。

1. 工作原理

对于新手甚至经常开车的人来说，行车过程中并线盲区都是难以消除的。并线辅助系统的原理很简单，与常见的倒车雷达类似：并线辅助装置的形式是在左右两个后视镜内或者其他地方提醒驾驶员后方的来车。这项装置需要在车辆时速超过 60 km/h 变道时才能自动起动，车速过低则不能起动。它可以探测到侧后方驶来的最远 50 m 处的车辆。如果系统探测到其他车辆，则会通过安装在后视镜中的一个 LED（发光二极管）显示灯告知驾驶员；如果驾驶员在准备转换车道时起动了转向指示灯，但是没有注意到相邻车道中的其他车辆，该系统就会通过 LED 发送一个闪光信号来警告驾驶员。

2. 并线辅助系统的分类

（1）奔驰新 E 级上的并线辅助设备。该装置是通过汽车两侧安装的传感器探知两侧后方是否有车辆，并将信息通过电脑系统控制，在左右两个后视镜内或者其他地方提醒驾驶员后方的来车。在奔驰新 E 级车上，当两边后方有来车时，如果不打转向灯会以黄色警示提醒，如果打转向灯则会以红色闪烁提醒驾驶员后方有来车，这时并线会发生危险。

（2）沃尔沃的并线辅助叫盲点信息系统，简称 BLIS。BLIS 从 2005 年起率先在 XC70、V70 和 S60 等车型上得到了应用，此后沃尔沃的全系车型都相继采用了这套系统。位于外后视镜根部的摄像头会对距离 3 m 宽、9.5 m 长的一个扇形盲区进行 25 帧/s 的图像监控，如果有速度大于 10 km/h，且与车辆本身速度差在 20～70 km/h 的移动物体（车辆或者行人）进入该盲区，系统对比每帧图像，当系统认为目标进一步接近时，A 柱上的警示灯就会亮起，防止出现事故。沃尔沃并线提醒装置在左右两个反光镜下面内置有两个摄像头，将后方的盲区影响反馈到行车电脑的显示屏幕上，并在后视镜的支柱上有并线提醒灯提醒驾驶员注意以此消除盲区。

（3）奥迪的并线辅助叫侧向辅助系统。这套系统会在车速超过 60 km/h 介入，依靠传感器的帮助，奥迪侧向辅助系统可以探测到侧后方最远 50 m 处的车辆，若此时并线有潜在危险，后视镜上就会亮起警示灯。如果驾驶员在警示灯亮了之后仍打转向灯，警示灯会增加亮度并开始闪烁。侧向辅助系统和奔驰的系统类似，都是在反光镜里面内置了一个小灯，以提醒驾驶员，而数据是靠车辆雷达来获得的，根据雷达的数据判断后方来车的速度和位置。

4.4 新技术展望

在传统商业中，手机和汽车是没有交集的硬件，但在智能互联商业生态中则有了充分融合的可能性。以认知计算为代表的新技术将改变人与汽车的关系，未来汽车不仅是交通工具，更是移动的数据中心与认知中心。未来，智能汽车将取得与智能手机一样重要的技术生态位置。智能网联汽车，即搭载先进车载传感器等装置，融合现代通信与网络技术，实现车与人、车、路、后台等智能信息交换共享，具备复杂的环境感知、智能决策、协同控制和执行等功能的新一代汽车。

与技术生态同时发生变化的，还有消费者的消费方式。特别是在 Uber（优步）等新型出行方式和共享经济理念的影响下，消费者对于汽车的消费态度、消费方式和消费行为正在发生巨大变化。在增值数字服务方面，信息、娱乐、商务、健康、管家、教育和地理位置服务是消费者最感兴趣的七大数字汽车服务。在新兴汽车市场的所有年龄段中，信息和健康服务（心脏状况监测或血压监测等）受到的关注程度最高。而在成熟汽车市场中，受关注程度最高的是信息，娱乐（音乐、视频和社交等）及商务服务（零售支付等）。

在购买汽车意愿方面，35 岁以上主力汽车消费人群中，有 24% 将在未来 10 年减少私家车拥有量、采用拼车出行的人数将增加2.3倍，在我国这两个数字分别为17%和1.1倍。换句话说，就是有更多的消费者愿意转向共享使用汽车的方式。

汽车商业生态必须关注和重视这些消费行为的变化。特别是随着我国城市污染的加重，电动车势必要在城市中兴起，那么周末和节假日租一辆非电动车到较远的地方旅行就将成为常态。届时整个汽车产业链都将重新调整，围绕消费者的生活方式，在多种数字服务和使用模式之间实现无缝切换。

在基于认知计算、数据分析和车联网的全球统一化汽车智能技术平台上，消费者和自主汽车将有机会参与到汽车和服务的研发及创新过程。首先是消费者必然将成为未来汽车和汽车服务研发过程的一部分。类似于小米用户参与小米手机和服务的研发过程一样，数字和社交技术吸引消费者直接参与到新汽车移动解决方案的创新过程。除了传统的消费者调研手段外，许多消费者还希望通过在线提交想法、参与设计游戏和比赛，更深入地参与汽车服务的研发。

第5章　车辆工程专业课外实践拓展

5.1　车辆工程专业的学科竞赛

5.1.1　全国大学生数学建模竞赛

1. 概念

数模竞赛就是对实际问题的一种数学表述。数学模型是关于部分现实世界为某种目的的一个抽象的简化的数学结构。确切地说：数学模型就是对于一个特定的对象为了一个特定目标，根据特有的内在规律，做出一些必要的简化假设，运用适当的数学工具，得到的一个数学结构。数学结构可以是数学公式、算法、表格、图示等。数学建模就是建立数学模型，建立数学模型的过程就是数学建模的过程。数学建模是一种数学的思考方法，是运用数学的语言和方法，通过抽象、简化建立能近似刻画并"解决"实际问题的一种强有力的数学手段。

2. 由来

1985年在美国出现了一种叫作MCM的一年一度大学生数学建模竞赛（1987年全称为Mathematical Competition in Modeling，1988年改全称为Mathematical Contest in Modeling，其所写均为MCM），这并不是偶然的。1985年以前美国只有一种大学生数学竞赛（the William Lowell Putnam mathematical Competition，简称Putman数学竞赛），这是由美国数学协会（Mathematical Association of America，MAA）主持，于每年12月的第一个星期六分两试进行，每年一次。在国际上产生很大影响，现已成为国际性的大学生的一项著名赛事。

中国自1989年首次参加这一竞赛以来，历届均取得优异成绩。经过数年参加美国赛表明，中国大学生在数学建模方面是有竞争力和创新联想能力的。为使这一赛事更广泛地展开，1990年先由中国工业与应用数学学会，后与国家教委联合主办全国大学生数学建模竞赛（CMCM），该项赛事每年9月进行。数学建模竞赛与通常的数学竞赛不同，它来自实际问题或有明确的实际背景。它的宗旨是培养大学生用数学方法解决实际问题的意识和能力，整个赛事是完成一篇包括问题的阐述分析，模型的假设和建立，计算结果及讨论的论文。通过训练和比赛，同学们不仅用数学方法解决实际问题的意识和能力有很大提高，而且在团结合作、发挥集体力量攻关，以及撰写科技论文等方面都会得到十分有益的锻炼。

5.1.2 全国周培源大学生力学竞赛

1. 宗旨

全国周培源大学生力学竞赛为教育部委托主办的大学生科技活动，目的在于培养人才、服务教学、促进高等学校力学基础课程的改革与建设。有助于高等学校实施素质教育，培养大学生动手能力、创新能力和团队协作精神；有助于增进大学生学习力学的兴趣，吸引、鼓励广大青年学生踊跃参加课外科技活动；有助于发现和选拔力学创新的后继人才。

2. 组织

本项竞赛受教育部高等教育司委托，由教育部高等学校力学教学指导委员会力学基础课程教学指导分委员会、中国力学学会和周培源基金会共同主办，中国力学学会教育、科普工作委员会、各省（市）、自治区力学学会与一所高校协办，并委托《力学与实践》杂志编委会承办，协办高校每届轮换。

竞赛有关信息，包括竞赛报名通知、简章、获奖名单等在《力学与实践》杂志及中国力学学会网站公布。竞赛设领导小组与组织委员会，领导小组由教育部力学基础课程教学指导分委员会、中国力学学会、周培源基金会与相关单位负责人组成，负责竞赛的全盘安排和协调工作，组织委员会具体负责竞赛的动员、报名、竞赛监考与授奖工作。命题及评奖工作由上届团体冠军学校负责组织，命题学校不参加该届竞赛。命题小组成员不得参加任何和该届竞赛相关的辅导与答疑。竞赛的分领导小组与分组织委员会由协助承担竞赛活动的各省（市）、自治区的力学学会组织成立。

3. 竞赛内容

竞赛内容基本部分包括静力学、运动学和动力学三部分。

（1）静力学：掌握力、力矩和力系的基本概念及其性质。能熟练地计算力的投影、力对点的矩和力对轴的矩。掌握力偶、力偶矩和力偶系的基本概念及其性质，能熟练地计算力偶矩及其投影；掌握力系的主矢和主矩的基本概念及其性质；掌握汇交力系、平行力系与一般力系的简化方法、熟悉简化结果，能熟练地计算各类力系的主矢和主矩；掌握重心的概念及其位置计算的方法；掌握约束的概念及各种常见理想约束力的性质，能熟练地画出单个刚体及刚体系受力图；掌握各种力系的平衡条件和平衡方程，能熟练地求解单个刚体和简单刚体系的平衡问题；掌握滑动摩擦力和摩擦角的概念，会求解考虑滑动摩擦时单个刚体和简单平面刚体系的平衡问题。

（2）运动学：掌握描述点运动的矢量法、直角坐标法和自然坐标法，会求点的运动轨迹，并能熟练地求解点的速度和加速度。掌握刚体平移和定轴转动的概念及其运动特征、定轴转动刚体上各点速度和加速度的矢量表示法，能熟练求解定轴转动刚体的角速度、角加速度以及刚体上各点的速度和加速度。掌握点的复合运动的基本概念，掌握并能应用点的速度合成定理和加速度合成定理。掌握刚体平面运动的概念及其描述，掌握平面运动刚体速度瞬心的概念。能熟练求解平面运动刚体的角速度与角加速度以及刚体上各点的速度和加速度。

（3）动力学：掌握建立质点的运动微分方程的方法。了解两类动力学基本问题的求解方法。掌握刚体转动惯量的计算，了解刚体惯性积和惯性主轴的概念，能熟练计算质点系与刚体的动量、动量矩和动能，并能熟练计算力的冲量（矩）、力的功和势能。掌握动力学普遍定理（包括动量定理、质心运动定理、对固定点和质心的动量矩定理、动能定理）及相应的守恒定理，并会综合应用。掌握建立刚体平面运动动力学方程的方法。掌握达朗贝尔惯性力的概念，掌握平面运动刚体达朗贝尔惯性力系的简化。掌握质点系达朗贝尔原理（动静法），并会综合应用。了解定轴转动刚体静平衡与动平衡的概念。

5.2 车辆工程专业的创新大赛

5.2.1 全国大学生"飞思卡尔"杯智能汽车竞赛

为加强大学生实践、创新能力和团队精神的培养，促进高等教育教学改革。受教育部高等教育司委托，由教育部高等学校自动化专业教学指导分委员会主办全国大学生智能汽车竞赛。该竞赛是以智能汽车为研究对象的创意性科技竞赛，是面向全国大学生的一种具有探索性工程实践活动，是教育部倡导的大学生科技竞赛之一。该竞赛以"立足培养，重在参与，鼓励探索，追求卓越"为指导思想，旨在促进高等学校素质教育，培养大学生的综合知识运用能力、基本工程实践能力和创新意识，激发大学生从事科学研究与探索的兴趣和潜能，倡导理论联系实际、求真务实的学风和团队协作的人文精神，为优秀人才的脱颖而出创造条件。

全国大学生"飞思卡尔"杯智能汽车竞赛由竞赛秘书处设计、规范标准硬软件技术平台，竞赛过程包括理论设计、实际制作、整车调试、现场比赛等环节，要求学生组成团队，协同工作，初步体会一个工程性的研究开发项目从设计到实现的全过程。该竞赛融科学性、趣味性和观赏性为一体，是以迅猛发展、前景广阔的汽车电子为背景，涵盖自动控制、模式识别、传感技术、电子、电气、计算机、机械与汽车等多学科专业的创意性比赛。该竞赛规则透明，评价标准客观，坚持公开、公平、公正的原则，力求向健康、普及、持续的方向发展。

该竞赛以飞思卡尔半导体公司为协办方，得到了教育部相关领导、飞思卡尔公司领导与各高校师生的高度评价。已发展成全国30个省、自治区、直辖市近300所高校广泛参与的全国大学生智能汽车竞赛。2008年起被教育部批准列入国家教学质量与教学改革工程资助项目中科技人文竞赛之一。

全国大学生智能汽车竞赛原则上由全国有自动化专业的高等学校（包括港、澳地区的高校）参赛。竞赛首先在各个分赛区进行报名、预赛，各分赛区的优胜队将参加全国总决赛。每届比赛根据参赛队伍和队员情况，分别设立光电组、摄像头组、电磁组、创意组等多个赛题组别。每个学校可以根据竞赛规则选报不同组别的参赛队伍。全国大学生智能汽车竞赛组织运行模式贯彻"政府倡导、专家主办、学生主体、社会参与"的16字方针，充分调动各方面参与的积极性。

全国大学生智能汽车竞赛一般在每年的10月公布次年竞赛的题目和组织方式，并开始接受报名，次年的3月进行相关技术培训，7月进行分赛区竞赛，8月进行全国总决赛。在规定的模型汽车平台上，使用飞思卡尔半导体公司的8位、16位微控制器作为核心控制模块，通过增加道路传感器、电机驱动电路以及编写相应软件，制作一个能够自主识别道路的模型汽车，按照规定路线行进，以完成时间最短者为优胜。因而该竞赛涵盖了控制、模式识别、传感技术、电子、电气、计算机、机械等多个学科的比赛。

"飞思卡尔"杯智能汽车竞赛以飞思卡尔半导体公司为协办方,自 2006 年首届举办以来,成功举办了九届,得到了教育部吴启迪副部长、张尧学司长及理工处领导、飞思卡尔公司领导与各高校师生的高度评价。2008 年第三届被教育部批准列入国家教学质量与教学改革工程资助项目中 9 个科技人文竞赛之一(教高函〔2007〕30 号文,附件 2),2009 年第四届被邀申请列入国家教学质量与教学改革工程资助项目。

5.2.2 全国大学生机械创新设计大赛

1. 简介

全国大学生机械创新设计大赛(National College Mechanical Innovation Competition)是经教育部高等教育司批准,由教育部高等学校机械学科教学指导委员会主办,机械基础课程教学指导分委员会、全国机械原理教学研究会、全国机械设计教学研究会、北京中教仪科技有限公司联合著名高校共同承办,面向大学生的群众性科技活动。其目的在于引导高等学校在教学中注重培养大学生的创新设计能力、综合设计能力与协作精神;加强学生动手能力的培养和工程实践的训练,提高学生针对实际需求进行机械创新、设计、制作的实践工作能力,吸引、鼓励广大学生踊跃参加课外科技活动,为优秀人才脱颖而出创造条件。

2. 比赛简介

(1)第一届于 2004 年 9 月在南昌大学举办,无固定主题。第一届全国大学生机械创新设计大赛是经教育部高等教育司批准,由教育部高等学校机械学科教学指导委员会主办的大赛。大赛以培养大学生的创新设计能力、综合设计能力和工程实践能力为目的,充分展示了我国高等院校机械学科的教学改革成果和大学生机械创新设计的成果,积极推动了机械产品研究设计与生产的结合,为培养机械设计、制造的创新人才起到了重要作用。

(2)第二届于 2006 年 10 月在湖南大学举办。本届大赛主题为"健康与爱心",内容为"助残机械、康复机械、健身机械、运动训练机械等四类机械产品的创新设计与制作"。大赛是在中央提出建设和谐社会、建设创新型国家和我国装备制造业全面复苏并从制造大国向制造强国迈进的大背景下举办的,得到了教育部高教司和理工处领导的指导与支持,得到了机械基础课程教学指导分委员会委员和全国大学生机械创新设计大赛(2005—2008)组委会委员全程参与,得到了全国范围内高校领导、教师和大学生的积极响应,决赛工作得到了湖南大学的精心组织、湖南长庆机电科教有限公司和湖南长丰汽车制造股份有限公司的无私资助。

(3)第三届于 2008 年 10 月在武汉海军工程大学举办。第三届全国大学生机械创新设计大赛(2008)的主题为"绿色与环境"。内容为"环保机械、环卫机械、厨卫机械三类机械产品的创新设计与制作"。其中"环保机械"的解释为用于环境保护的机械;"厨卫机械"的解释为用于厨房、卫生间内所使用的机械。所有参加决赛的作品必须与本届大赛的主题和内容相符,与主题和内容不符的作品不能参赛。参赛作品必须以机械设计为主,提倡采用先进理论和先进技术,如机电一体化技术等。对作品的评价不以机械结构为单一标准,而是从作品的功能、结构、工艺制作、性能价格比、先进性、创新性等多方面进行综合评价。在实现功能相同的条件下,机械结构越简单越好。

(4)第四届于 2010 年 10 月在东南大学举办。第四届(2010)全国大学生机械创新设计大赛的主题为"珍爱生命,奉献社会",内容为"在突发灾难中,用于救援、破障、逃生、避难的机械产品的设计与制作"。其中"用于救援、破障的机械产品"指在火灾、水灾、地震、矿难等灾害发生时,为抢救人民生命和财产所使用的机械;"用于逃生、避难的机械产品",指立足防患于未然,在突发灾害发生时保护自我和他人的生命与财产安全的机械,也包括在灾难和紧急情况发生时,房屋建筑、车船等运输工具以及其他一些公共场合中可以紧急逃生、避难功能的门、窗、锁的创新设计。

所有参加决赛的作品必须与本届大赛的主题和内容相符,与主题和内容不符的作品不能参赛。参赛作品必须以机械设计为主,提倡采用先进理论和先进技术,如机电一体化技术等。对作品的评价不以机械结构为单一标准,而是对作品的功能、结构、工艺制作、性能价格比、先进性、创新性等多方面进行综合评价。在实现功能相同的条件下,机械结构越简单越好。

(5) 第五届于2012年7月下旬在中国人民解放军第二炮兵工程学院(陕西西安)举办。第五届(2012)全国大学生机械创新设计大赛的主题"幸福生活——今天和明天";内容为"休闲娱乐机械和家庭用机械的设计和制作"。所有参加决赛的作品必须与本届大赛的主题和内容相符,与主题和内容不符的作品不能参赛。家庭用机械指"对家庭或宿舍内物品进行清洁、整理、储存和维护用机械"。休闲娱乐机械指"机械玩具或在家庭、校园、社区内设置的健康益智的生活、娱乐机械"。凡参加过本赛事以前比赛的作品原则上不得再参加本届比赛;如果作品在功能或原理上确有新的突破和创新,参赛时须对突破和创新之处做出说明。

所有参加决赛的作品必须与本届大赛的主题和内容相符,与主题和内容不符的作品不能参赛。参赛作品必须以机械设计为主,提倡采用先进理论和先进技术,如机电一体化技术等。对作品的评价不以机械结构为单一标准,而是对作品的功能、设计、结构、工艺制作、性能价格比、先进性、创新性等多方面进行综合评价。在实现功能相同的条件下,机械结构越简单越好。

(6) 第六届于2014年7月下旬在东北大学(辽宁沈阳市)举办。第六届全国大学生机械创新设计大赛(2014)的主题为"幻·梦课堂";内容为"教室用设备和教具的设计与制作"。学生们可根据对日常课堂教学情况的观察,或根据对未来若干年以后课堂教学环境和状态的设想,设计并制作出能够使课堂教学更加丰富、更具吸引力的机械装置。

课堂包括教室、实验室等教学场所。教室用设备包括桌椅、讲台、黑板、投影设备、展示设备等;教具是指能帮助大学生理解和掌握机械类课程(包括但不限于"理论力学""材料力学""机械制图""机械原理""机械设计""机械制造基础"等)的基本概念、基本原理、基本方法等的教学用具。学生在设计时,应注重作品功能、原理、结构上的创新性。

所有参加决赛的作品必须与本届大赛的主题和内容相符,与主题和内容不符的作品不能参赛。参赛作品必须以机械设计为主,提倡采用先进理论和先进技术,如机电一体化技术等。对作品的评价不以机械结构为单一标准,而是对作品的功能、设计、结构、工艺制作、性能价格比、先进性、创新性等多方面进行综合评价。在实现功能相同的条件下,机械结构越简单越好。

5.2.3 中国大学生方程式汽车大赛

中国大学生方程式汽车大赛(简称"中国FSC")是一项由高等院校汽车工程或汽车相

关专业在校学生组队参加的汽车设计与制造比赛。各参赛车队按照赛事规则和赛车制造标准，在一年的时间内自行设计和制造出一辆在加速、制动、操控性等方面均具有优异表现的小型单人座休闲赛车，能够成功完成全部或部分赛事环节的比赛。

2010 年第一届中国 FSC 由中国汽车工程学会、中国 20 所大学汽车院系、国内领先的汽车传媒集团——易车（BITAUTO）联合发起举办。中国 FSC 秉持"中国创造擎动未来"的远大理想，立足于中国汽车工程教育和汽车产业的现实基础，吸收借鉴其他国家 FSC 赛事的成功经验，打造一个新型的培养中国未来汽车产业领导者和工程师的交流盛会，并成为与国际青年汽车工程师交流的平台。中国 FSC 致力于为国内优秀汽车人才的培养和选拔搭建公共平台，通过全方位考核，提高学生们的设计、制造、成本控制、商业营销、沟通与协调五方面的综合能力，全面提升汽车专业学生的综合素质，为中国汽车产业的发展进行长期的人才积蓄，促进中国汽车工业从"制造大国"向"产业强国"的战略方向迈进。

中国 FSC 是一项非营利的社会公益性事业，利在当代，功在未来。项目的运营和发展结合优秀高等院校资源、整车和零部件制造商资源，获得了政府部门和社会各界的大力支持以及品牌企业的资助。社会各界对项目投入的人力支持和资金赞助全部用于赛事组织、赛事推广和为参赛学生设立赛事奖金，是一项非营利的社会公益性事业。

中国创造擎动未来，倡导自主创新，培育及选拔汽车产业人才，促进中国制造向中国创造的转型，推动中国汽车工业由民族品牌向世界品牌的跨越。促进中国汽车产业自主研发与科技进步，提高中国汽车产业"引进－消化－吸收－再创新"和"自主创新"的能力，加快中国制造向中国创造的转型，推动民族品牌向世界品牌的跨越。

完善汽车人才培育机制，为中国汽车工业从"制造大国"向"产业强国"的战略方向迈进奠定人才基础。积极探索有效利用社会资源培养创新型人才的素质教育新体系。搭建自主创新技术的国际交流舞台，帮助中国汽车产业的未来人才从世界汽车技术的革新潮流中不断获取新的启迪，以国际化的视野捕捉行业动态，丰富知识储备，积极参与国际汽车技术标准的更新与提升。深化中国汽车产业自主创新的主流意识，强化中国汽车厂家在汽车人才培养、技术研发等方面的企业社会责任感，帮助众多汽车自主品牌积极探索自身广阔的发展空间。

5.2.4 Honda 中国节能竞技大赛

30 多年前壳牌（Shell）公司向全世界的工程师提出挑战：开发和研制用 1 L 汽油跑 100 km 的低消耗的节能车，这个提议让所有的人都兴奋不已。1 L 汽油能行驶多少 km？按照惯性思维，你可能会直接根据 100 km 油耗换算，比如每 100 km 5L，够低了吧？如果你估计 1 L 油能跑 20 km，那你就太低估赛车的油耗潜力了，"本田节能大赛"目前的最高纪录是 3 435 km，相当于北京到重庆高速公路的往返里程！

1981 年，本田公司在日本东京赞助举办了第一届"本田宗一郎杯"燃油耗费竞技大赛（Honda Econo Power Race），比赛以本田公司创始人本田宗一郎的名字命名。大赛的宗旨是利用现有的技术和能力，寻找应对能源危机和环境污染的最佳途径，唤醒人们的节能和环保意识，"大家行动起来，充分利用有限的地球资源，是参赛人员的一致心愿"。

Honda 节能竞技大赛创办至今已有 27 年历史，在日本已经举办了 27 届，在泰国也已经举办了 9 届。在中国已经成功举办了 3 届（包括一次试行）。比赛要求参赛赛车使用统一的 Honda 低油耗汽油四冲程 125cc 发动机，发动机以外的车架和车身等完全由各车队独自创作，每支参赛队带来的都是世界上独一无二的赛车。赛车在指定的赛道内跑完赛程，比赛谁消耗的燃油最少谁获胜。由于有着极高的乐趣性和广泛的参与性，在日本，每年都有来自初中、高中和大学的学校代表队、企业代表队，以及来自社会上的共约 500 支车队，创作出具有新颖构思和创意的赛车参加比赛。该竞技大赛主要从三个方面综合考虑：能源与环境、教育和趣味。

（1）能源与环境（energy & Ecology）。该大赛是一项以注重能源、创建节约型社会为主题的活动。

（2）教育（education）。竞技的简单性为每个人参赛提供了可能，人们可在大赛过程中学习、体验创意和创造带来的乐趣。

（3）趣味（enjoy）。跨越家人、朋友、年龄辈分和地域带来的各种束缚，在此尽情享受更广范围的"交际场所"。

目前比赛分为四个级别：市售车组、普通组、大学职专组、特邀组，比赛也在一定程度上培养了人们的团队合作精神。

5.2.5 "英特尔杯"全国大学生电子设计竞赛——嵌入式系统专题邀请赛

1. 简介

"英特尔杯"全国大学生电子设计竞赛——嵌入式系统专题邀请赛，简称嵌入式系统专题邀请赛。作为全国大学生电子设计竞赛下的一项专项竞赛，是以进一步探索学科竞赛推动教学改革的特殊机制和大学生创新能力培养的可行模式为目的，面向境内外高校优秀大学生举办的嵌入式系统专题竞赛。嵌入式系统专题邀请赛贯彻全国大学生电子设计竞赛的宗旨，坚持"政府主办、专家主导、学生主体、社会参与"的方针，通过推动"嵌入式系统"在相关领域的应用与发展，促进电子信息类学科专业基础课教学内容的更新、整合与改革，提高大学生动手能力和工程实践能力，培育大学生创新意识，从最大程度上在高校教学改革以及高校中推广最先进技术起到积极的作用，并为在电子信息类拔尖创新型人才的培养模式上取得重大突破，为探索落实高等教育质量工程的有效实施提供有力的支持。

2. 组织形式

嵌入式系统专题邀请赛由全国大学生电子设计竞赛组委会主办，上海市教委和上海交通大学承办，英特尔（中国）有限公司协办，并设英特尔杯。

为保证嵌入式系统专题邀请赛的顺利进行，全国大学生电子设计竞赛组委会决定：成立嵌入式系统专题邀请赛组委会和嵌入式系统专题邀请赛专家组。

嵌入式系统专题邀请赛组委会负责确定参赛规模、拟定邀请学校名单及参赛队伍的名额；负责制定嵌入式系统专题邀请赛的规则、奖项设置、获奖比例、竞赛时间及评审结果的公布；负责与协办方的合作事宜及宣传等工作。

嵌入式系统专题邀请赛专家组负责指导赛前培训，竞赛作品的评审工作，负责竞赛过程中的技术支持及与协办方的技术洽商。

各参赛高校需指派专人负责组织、协调、监督和保证本校参赛活动的顺利进行，按时组织报名、培训，并保持与组委会秘书处的信息沟通。

嵌入式系统专题邀请赛的参赛对象，为普通高校全日制在校本科学生，每支参赛队伍限三人。

每支参赛队伍可配备一名指导教师,指导教师的职责是组织学生参加赛前培训,指导参赛队选题;确保竞赛期间嵌入式系统只用于参赛作品的设计、开发,不能挪作他用;负责竞赛过程中与学校及组委会之间的信息沟通。

5.2.6 全国大学生节能减排社会实践与科技比赛

1. 简介

全国大学生节能减排社会实践与科技竞赛是由教育部高等教育司主办、唯一由高等教育司办公室主抓的全国大学生学科竞赛,为教育部确定的全国十大大学生学科竞赛之一,也是全国高校影响力最大的大学生科创竞赛之一。该竞赛充分体现了"节能减排、绿色能源"的主题,紧密围绕国家能源与环境政策,紧密结合国家重大需求,在教育部的直接领导和广大高校的积极协作下,起点高、规模大、精品多、覆盖面广,是一项具有导向性、示范性和群众性的全国大学生竞赛,得到了各省、自治区、直辖市教育厅、各高校的高度重视。

竞赛作品分为"社会实践调查"和"科技制作"两类,倡导大学生深入社会调查,发现国家重大需求,启发创新思维,形成发明专利。将人文素养融合到科学知识技能之中,使学以致用不仅体现在头脑风暴,而且展现在精巧创造。竞赛吸引了内地250多所高校、港澳台以及部分海内外高校,已经形成了"百所高校,千件作品,万人参赛"的国际性规模。

全国大学生节能减排社会实践与科技竞赛专家委员会由包括两院院士、973首席专家、长江学者、杰出青年获得者等130余位国内知名专家学者组成,每年还特邀一定数量的企业专家参与评选。

2. 历届比赛

第一届全国大学生(博奇环保杯)节能减排社会实践与科技竞赛2008年在浙江大学成功举办,共有88所高校的505件作品参加了此次竞赛,参赛作品类型多、专业性强、涵盖面广,涉及了能源、机械、资源、建筑、电气、海洋、社会、经济、矿业等多个领域。最终入围决赛的100件优秀作品来自55所高校,不仅有关系国民经济重大发展的能源生产问题,如海上风力发电平台、太阳能梯级开发热利用系统及生物质能利用系统等作品;也有贴近日常生活节水节电的小发明、小制作,如厨房节能小助手、新型节能开关电源、厨余堆肥机等;还有一些作品紧跟"节能减排"领域的学术研究前沿。这些都展示了当代大学生对生活的认真观察和对于人类社会发展的高度关注。

第二届全国大学生(博奇环保杯)节能减排社会实践和科技竞赛由华中科技大学承办。共收到168所高等院校的报名申请,其中,985高校21所,211非985高校25所,一般本科100所,高职高专21所,军事院校1所,最后收到159所高校提交有效作品共1 620项,经过形式审查和专家初审,评选出111项作品入围决赛,决赛阶段将有来自全国各省市的65所高校齐聚华中科技大学。本届大赛参赛规模和竞赛影响远远超过第一届。

第三届全国大学生(科信能环杯)节能减排社会实践与科技竞赛于2010年在北京科技大学隆重举行,来自全国各省市232所高校的1 868支参赛队参加了本次大赛,直接涉及全国竞赛的学生和指导老师总人数达15 000人以上,师生总参与人数达30 000余人。经过专家委员会对众多的参赛作品的认真评选,共推选出特等奖8项,一等奖32项,二等奖95

项，三等奖 294 项。本届竞赛的竞赛委员会和专家委员会由院士、高校领导、长江学者、"973 项目"首席科学家等 130 余人担任。同时，每一个代表队都配备至少一位相关领域专家进行了密切指导，使参赛作品能够紧跟"节能减排"领域的学术研究前沿。通过作品的评审、展示，有效地促进了节能减排技术及相关领域的学术交流和学科交融。

第四届全国大学生（哈电杯）节能减排社会实践与科技竞赛于 2011 年在哈尔滨工业大学举行，是该项赛事开展以来规模最大、覆盖面最广、参与人数最多的一次竞赛。本次竞赛共收到 1 980 件参赛作品，参赛高校覆盖全国各省、自治区、直辖市和港澳台地区。经过对作品资格审查和形式审查，最后有来自 182 所高校选送的 1 673 件作品进入网评，其中科技作品类 1 391 件，社会实践类 282 件。在网评过程中，共邀请了全国各高校相关专业的知名教授 120 人，每件作品都经过了 3 名专家的网上认真评审。经过网评，146 所高校的 484 件作品进入专家会评，最终 73 所高校的 133 件作品进入决赛。作品内容覆盖各行业和日常生活的多个领域。

第五届全国大学生（凯盛开能杯）节能减排社会实践与科技竞赛于 2012 年在西安交通大学举行，此届参赛作品充分体现和诠释了"节能减排、绿色能源"这一大赛的主题，积极推动了全社会节能减排活动的开展。第五届节能减排大赛从 73 所高校参与决赛评审的 141 项作品中，推选出了特等奖 9 项，一等奖 37 项，二等奖 90 项，此外还评出了三等奖 345 项，优秀组织奖 59 项。参赛作品充分体现了理论与实践的结合，大赛筹办和组织充分体现了高校与企业的结合。本届比赛规模大，作品质量好，专家层次高，确保了本届大赛的质量，扩大了大赛在国内的影响力，进一步促进了节能减排技术及相关领域的学术交流和学术交融。赛事呈现出"四样精彩"，即"万人参与，千余作品，百所高校，十分优秀"。大赛不论从规模、覆盖面还是参与人数、作品数量和整体质量等方面都堪称"五届之最"。

第六届全国大学生（力诺瑞特杯）节能减排社会实践与科技竞赛于 2013 年在上海交通大学举行，据悉本次大赛共有 205 所高校参赛，覆盖全国所有省、直辖市和港澳台地区。收到有效作品 2 051 件，经过网络初评和专家会评，共有 72 所高校的 150 件作品入围决赛，并有来自普渡大学、挪威科技大学等海外知名学府派代表团前来观摩参展。本届全国大学生节能减排社会实践与科技竞赛在收到作品数量、参赛人数、观摩人数、国际化程度等方面均创历届新高，大赛推选出特等奖 10 项，一等奖 40 项，二等奖 99 项。有效提高了大学生科技创新能力和社会实践水平，完美诠释了"节能减排，全民行动"的低碳宣言。

第七届全国大学生（金川杯）节能减排社会实践与科技竞赛于 2014 年在昆明理工大学举行，据悉本次大赛本届竞赛主题为"节能减排，绿色能源"，参赛作品须紧紧围绕该主题并体现新思维、新思想的实物制作（含模型）、软件、设计和社会实践调研报告，共有 252 所高校报名，收到有效作品 2 395 件，均创历届新高。经过网络初评和专家会评，共有 71 所高校共 160 件作品参加了这次决赛，其中特等奖 8 项，一等奖 54 项，二等奖 98 项，三等奖 430 项。

5.2.7 中国机器人大赛

1. 简介

2011 中国机器人大赛暨公开赛 8 月 23 日～25 日拉开帷幕。在 3 天的赛程中，来自全国

162 所高校的近千支队伍将进行包括足球机器人比赛、救援组比赛和空中、水中及舞蹈机器人比赛等 12 个大类共 89 个比赛项目。

自 1999 年起，中国机器人大赛已在北京、上海、广州等地成功举办了十一届。此次大赛由兰州市人民政府、中国自动化学会机器人竞赛工作委员会、中国委员会和科技部高技术研究发展中心主办。在当日比赛中，栩栩如生的机器鱼抢球作战比赛、小巧玲珑的"NAO 机器人"标准平台组比赛令现场笑声不断。

当然，最为吸引人的还是足球机器人比赛，赛场上机器人"队员们"之间默契的传接配合及精准的射门脚法令数百名观众惊叹不已，在激烈的攻防转换中，场外不断有掌声响起。与场外观众看热闹的心情不同，场内参赛队员还是颇感压力。来自厦门理工大学的参赛队员唐恰恒赛前表示，虽然已参加过数次这样的竞赛，但从现场其他参赛队的热身情况而言，此次大赛各参赛队伍整体实力较以往都高。

当日，其间还邀请了中国工程院院士蔡鹤皋和中国科学院院士吴宏鑫等著名机器人专家、院士及企业家代表开展机器人技术研讨活动，共同探讨机器人技术与发展、机器人教育与竞赛及中国机器人产业化发展之路。记者从大赛组委会获悉，中国机器人大赛自 1999 年开始已成功举办十一届，基本覆盖了中国现有顶级的机器人专家和众多知名机器人学者，广泛涉及电子信息、通信网络、装备制造、工控、人机交互、传感与视觉、定位导航、人工智能、航天航空等前沿技术领域。比赛在西北师范大学和甘肃省委党校校区举行，比赛内容包括机器人基本技能比赛、机器人创意比赛、机器人足球比赛、FLL 机器人工程挑战赛等。比赛期间，大赛组委会将组织中学生代表前往参观学习。

2. 选拔赛

2014 年 8 月 9 日，2014 "尚和杯"中国机器人大赛暨公开赛分项选拔赛隆重开幕。此次大赛包含武术擂台、机器人舞蹈、微软仿真、机器人篮球 4 个大项，22 个小项的比赛，吸引了 139 所高校、455 支队伍，2 000 余人参加。

出席大赛开幕式的嘉宾有航天五院研究员吴宏鑫院士；中国自动化学会机器人竞赛工作委员会主任、清华大学朱纪洪教授；中国自动化学会机器人竞赛工作委员会名誉主任、清华大学孙增圻教授；RoboCup 副主席、RoboCup Junior 主席、Amy 博士；国家"863"计划机器人重大专项专家组组长、北航王田苗教授；中国自动化学会机器人竞赛工作委员会副主任、中科院自动化所原魁研究员；中国自动化学会机器人竞赛工作委员会副主任兼秘书长、中科院李实博士；中国自动化学会机器人竞赛工作委员会副主任、北京大学谢广明教授；中国自动化学会机器人竞赛工作委员会副主任、东北大学佟国峰教授；中国自动化学会机器人竞赛工作委员会办公室主任、航天五院姜萌高工；北京航空航天大学机器人研究所实验室常务副主任、梁建宏副教授；北京博创尚和科技有限公司胡涛总经理，等等。

5.2.8 "挑战杯"竞赛

1. 简介

"挑战杯"全国大学生课外学术科技作品竞赛（以下简称"挑战杯竞赛"）是由共青团中央、中国科协、教育部、全国学联和地方政府共同主办，国内著名大学、新闻媒体联合发起的一项具有导向性、示范性和群众性的全国竞赛活动。自 1989 年首届竞赛举办以来，"挑战杯"竞赛始终坚持"崇尚科学、追求真知、勤奋学习、锐意创新、迎接挑战"的宗旨，在促进青年创新人才成长、深化高校素质教育、推动经济社会发展等方面发挥了积极作用，在广大高校乃至社会上产生了广泛而良好的影响，被誉为当代大学生科技创新的"奥林匹克"盛会。竞赛的发展得到党和国家领导同志的亲切关怀，江泽民同志为"挑战杯"竞赛题写了杯名，李鹏、李岚清等党和国家领导同志题词勉励。

2. 定位

吸引广大高校学生共同参与的科技盛会。从最初的 19 所高校发起，发展到 1 000 多所高校参与；从 300 多人的小擂台发展到 200 多万大学生的竞技场，"挑战杯"竞赛在广大青年学生中的影响力和号召力显著增强。

促进优秀青年人才脱颖而出的创新摇篮。竞赛获奖者中已经产生了两位长江学者，6 位国家重点实验室负责人，20 多位教授和博士生导师，70% 的学生获奖后继续攻读更高层次的学历，近 30% 的学生出国深造。他们中的代表人物有：第二届"挑战杯"竞赛获奖者、国家科技进步一等奖获得者、中国十大杰出青年、北京中星微电子有限公司董事长邓中翰，第五届"挑战杯"竞赛获奖者、"中国杰出青年科技创新奖"获得者、安徽中科大讯飞信息科技有限公司总裁刘庆峰，第八届、第九届"挑战杯"竞赛获奖者、"中国青年五四奖章"标兵、南京航空航天大学 2007 级博士研究生胡铃心等。

引导高校学生推动现代化建设的重要渠道。成果展示、技术转让、科技创业，让"挑战杯"竞赛从象牙塔走向社会，推动了高校科技成果向现实生产力的转化，为经济社会发展做出了积极贡献。

深化高校素质教育的实践课堂。"挑战杯"已经形成了国家、省、高校三级赛制，广大高校以"挑战杯"竞赛为龙头，不断丰富活动内容，拓展工作载体，把创新教育纳入教育规划，使"挑战杯"竞赛成为大学生参与科技创新活动的重要平台。

展示全体中华学子创新风采的亮丽舞台。香港、澳门、台湾众多高校积极参与竞赛，派出代表团参加观摩和展示。竞赛成为我国青年学子展示创新风采的舞台，增进彼此了解、加深相互感情的重要途径。

5.2.9 全国大学生电子设计竞赛

1. 简介

全国大学生电子设计竞赛是教育部高教司、工业和信息化部人教司共同主办的全国性大学生科技竞赛活动，目的在于按照紧密结合教学实际，着重基础、注重前沿的原则，促进电子信息类专业和课程的建设，引导高等学校在教学中注重培养大学生的创新能力、协作精神，加强学生动手能力的培养和工程实践的训练，提高学生针对实际问题进行电子设计、制作的综合能力，吸引、鼓励广大学生踊跃参加课外科技活动，为优秀人才脱颖而出创造条件。

全国大学生电子设计竞赛是大学生创新计划活动的重要内容，是学生将专业基础知识与实践动手能力实现结合的平台。其知识支撑是电气信息大类专业基础与实践类课程。其任务是使大学生熟练掌握综合电子系统的设计方法和技术，能够将电子系统设计、DSP 技术、嵌入式系统等技术进行有机融合，为培养大学生基本具备科学研究的能力奠定良好的基础，为大学生的就业或继续深造提供可持续发展的潜力。

大学生通过该项竞赛应能达到：掌握多种技术集成的设计方法；掌握查阅国内外相关技

术手册和资料的基本方法;掌握选择相关技术和优化系统的方法;掌握综合系统实验的测试方法和技术;具有良好的协作的团队精神;基本具备独立从事科学研究的能力。

2. 组织方式

全国竞赛组委会负责全国竞赛的组织领导、协调与宣传工作。全国竞赛专家组负责竞赛命题、评审工作。

原则上每个参赛的省、自治区、直辖市为一个赛区,各赛区竞赛组委会由省、自治区、直辖市教育厅、局教委、高校代表及电子信息类专家及相关人士组成,负责本赛区的组织领导、协调与宣传工作。各赛区专家组由本赛区的电子信息类专家及相关人士组成,负责赛区竞赛的评审工作,同时负责组织、遴选本赛区内的征题并向全国专家组推荐所征题目。

暂时没有条件单独组成赛区的省、自治区的高等学校,可根据实际情况就近参与其他赛区的竞赛活动,或直接与全国竞赛组委会联系,由全国组委会统筹安排。

3. 竞赛内容

为鼓励不同类型的高校和不同专业或专业方向的学生都能参加竞赛,全国竞赛专家组根据命题原则,分别为本科生组和高职高专学生组统一编制若干个竞赛题目,供参赛学生选用。

竞赛题目包括"理论设计"和"实际制作"两部分,以电子电路(含模拟)和数字电路设计应用为基础,可以涉及模-数混合电路、单片机、嵌入式系统、DSP、可编程器件、EDA(电子设计自动化)软件的应用。参赛队的个人计算机、移动式存储介质、开发装置或仿真器等不得带入测试现场,实际制作实物中凡需软件编程的芯片必须事先下载脱机工作。

竞赛题目应具有实际意义和应用背景,并考虑到目前教学的基本内容和新技术的应用趋势,对教学内容和课程体系改革和学生今后工作起到一定的引导作用。竞赛题目着重考核参赛学生综合运用基础知识进行理论设计的能力、实践创新和独立工作的基本能力、实验综合技能、制作与调试,并鼓励参赛学生发扬团队协作的人文精神。竞赛题目在难易程度上,既考虑使学生能在规定时间内完成基本要求,又能使优秀学生有充分发挥与创新的余地。

5.3 汽车设计、仿真及加工制造等相关工程软件简介

5.3.1 CAD

1. 发展历程

CAD(Computer Aided Design)诞生于20世纪60年代,是美国麻省理工学院提出的交互式图形学的研究计划,由于当时硬件设施的昂贵,只有美国通用汽车公司和美国波音航空公司使用自行开发的交互式绘图系统。

20世纪70年代,小型计算机费用下降,美国工业界才开始广泛使用交互式绘图系统。80年代,由于PC机(个人计算机)的应用,CAD得以迅速发展,出现了专门从事CAD系统开发的公司。当时VersaCAD是专业的CAD制作公司,所开发的CAD软件功能强大,但由于其价格昂贵,故不能普遍应用。而当时的Autodesk公司是一个仅有员工数人的小公司,其开发的CAD系统虽然功能有限,但因其可免费复制,故在社会得以广泛应用。同时,由

于该系统的开放性，促使 CAD 软件升级迅速。

设计者很早就开始使用计算机进行计算。有人认为 Ivan Sutherland 在 1963 年麻省理工学院开发的 Sketchpad 是一个转折点。Sketchpad 的突出特性是它允许设计者用图形方式和计算机交互：设计可以用一支光笔在阴极射线管屏幕上绘制到计算机里。实际上，这就是图形化用户界面的原型，而这种界面是现代 CAD 不可或缺的特性。

CAD 最早的应用是在汽车制造、航空航天以及电子工业的大公司中。随着计算机日渐普及，应用范围也逐渐变广。CAD 的实现技术从那个时候起经过了许多演变。这个领域刚开始的时候主要被用于产生和手绘的图纸相仿的图纸。计算机技术的发展使得计算机在设计活动中得到更有技巧的应用。如今，CAD 已经不仅仅用于绘图和显示，它已开始进入设计者的专业知识中更"智能"的部分。

随着电脑科技的日益发展、性能的提升和更便宜的价格，许多公司已采用立体的绘图设计。以往，碍于电脑性能的限制，绘图软件只能停留在平面设计，欠缺真实感，而立体绘图则冲破了这一限制，令设计蓝图更实体化。现在多数学院已开设 CAD 课程。

2. 技术介绍

CAD 主要包括交互技术、图形变换技术、曲面造型和实体造型技术等。

在计算机辅助设计中，交互技术是必不可少的。交互式 CAD 系统，指用户在使用计算机系统进行设计时，人和机器可以及时地交换信息。采用交互式系统，人们可以边构思、边打样、边修改，随时可从图形终端屏幕上看到每一步操作的显示结果，非常直观。

图形变换的主要功能是把用户坐标系和图形输出设备的坐标系联系起来；对图形做平移、旋转、缩放、透视变换，也可通过矩阵运算来实现图形变换。

计算机设计自动化计算机自身的 CAD，旨在实现计算机自身设计和研制过程的自动化或半自动化。研究内容包括功能设计自动化和组装设计自动化，涉及计算机硬件描述语言、系统级模拟、自动逻辑综合、逻辑模拟、微程序设计自动化、自动逻辑划分、自动布局布线，以及相应的交互图形系统和工程数据库系统。集成电路 CAD 有时也列入计算机设计自动化的范围。

5.3.2 CAE

1. CAE 历史发展

CAE 从 20 世纪 60 年代初在工程上开始应用到今天，已经历了 50 多年的发展历史，其理论和算法都经历了从蓬勃发展到日趋成熟的过程，现已成为工程和产品结构分析中（如航空、航天、机械、土木结构等领域）必不可少的数值计算工具，同时也是分析连续力学各类问题的一种重要手段。随着计算机技术的普及和不断提高，CAE 系统的功能和计算精度都有很大提高，各种基于产品数字建模的 CAE 系统应运而生，并已成为结构分析和结构优化的重要工具，同时也是计算机辅助 4C 系统（CAD/CAE/CAPP/CAM）的重要环节。

CAE 系统的核心思想是结构的离散化，即将实际结构离散为有限数目的规则单元组合体，实际结构的物理性能可以通过对离散体进行分析，得出满足工程精度的近似结果来替代对实际结构的分析，这样可以解决很多实际工程需要解决而理论分析又无法解决的复杂问题。其基本过程是将一个形状复杂的连续体的求解区域分解为有限的形状简单的子区域，即将一个连续体简化为由有限个单元组合的等效组合体；通过将连续体离散化，把求解连续体的场变量（应力、位移、压力和温度等）问题简化为求解有限的单元节点上的场变量值。

此时得到的基本方程是一个代数方程组，而不是原来描述真实连续体场变量的微分方程组。求解后得到近似的数值解，其近似程度取决于所采用的单元类型、数量以及对单元的插值函数。根据经验，CAE 各阶段所用的时间为：40%~45% 用于模型的建立和数据输入，50%~55% 用于分析结果的判读和评定，而真正的分析计算时间只占 5% 左右。针对这种情况，采用 CAD 技术来建立 CAE 的几何模型和物理模型，完成分析数据的输入，通常称此过程为 CAE 的前处理。同样，CAE 的结果也需要用 CAD 技术生成形象的图形输出，如生成位移图、应力、温度、压力分布的等值线图，表示应力、温度、压力分布的彩色明暗图，以及随机械载荷和温度载荷变化生成位移、应力、温度、压力等分布的动态显示图，我们称这一过程为 CAE 的后处理。

针对不同的应用，也可用 CAE 仿真模拟零件、部件、装置（整机）乃至生产线、工厂的运动和运行状态。计算机辅助工程（Computer Aided Engineering，CAE）技术的提出就是要把工程（生产）的各个环节有机地组织起来，其关键就是将有关的信息集成，使其产生并存在于工程（产品）的整个生命周期。因此，CAE 系统是一个包括了相关人员、技术、经营管理及信息流和物流的有机集成且优化运行的复杂的系统。

随着计算机技术及应用的迅速发展，特别是大规模、超大规模集成电路和微型计算机的出现，使计算机图形学（Computer Graphics，CG）、计算机辅助设计（Computer Aided Design，CAD）与计算机辅助制造（Computer Aided Manufacturing，CAM）等新技术得以十分迅猛发展。CAD、CAM 已经在电子、造船、航空、航天、机械、建筑、汽车等各个领域中得到了广泛的应用，成为最具有生产潜力的工具，展示了光明的前景，取得了巨大的经济效益。

计算机技术的迅速发展还推动了现代企业管理的发展，企业管理借助于管理信息系统的支持与帮助，利用信息控制国民经济部门或企业的活动，做出科学的决策或调度，从而提高管理水平与效益。企业生产经营活动的各个环节，从工程的立项、签约、设计、施工（生产），一直到交工（交货），是一个连续的过程、有机的整体。

2. CAE 功能用途

CAE 技术是将工程的各个环节有机地组织起来，应用计算机技术、现代管理技术、信息科学技术等科学技术的成功结合，实现全过程的科学化、信息化管理，以取得良好的经济效益和优良的工程质量。

CAE 的功能结构应包含计算机辅助工程计划管理、计算机辅助工程设计、计算机辅助工程施工管理及工程文档管理等项。

计算机辅助工程计划管理包括工程项目的可行性论证、标书、成本与报价、工程计划进度、各子项工程计划与进度、预决算报告等。计算机辅助工程设计包括工程的设计指标、工程设计的有关参数及 CAD 系统，在 CAD 系统中应强调设计人员的主导作用，同时注重计算机所提供的支撑与帮助，以在最短的时间内拿出最优的设计方案来。同时，还要注意设计数据的提取和保存，以使其有效地服务于工程的整个生命周期。

计算机辅助施工管理包括工程进度、工程质量、施工安全、施工现场、施工人员、物料供给等方面的管理、控制和调度。它涉及工程管理学、运筹学、统计学、质量控制等科学技术。当然，管理人员的自身素质是管理工作中的决定因素，必须十分重视管理人员在管理环节中的作用。

CAE技术可广泛地应用于国民经济的许多领域，像各种工业建设项目，如工厂的建设，公路、铁路、桥梁和隧道的建设；像大型工程项目，如电站、水坝、水库、船台的建造，船舶及港口的建造和民用建筑等。它还可应用于企业生产过程之中，以及其他的企业经营、管理控制过程中，如工厂的生产过程、公司的商业活动等。

5.3.3 CAPP

1. 发展现状

CAPP（Computer Aided Process Planning，计算机辅助工艺设计）是指借助于计算机软硬件技术和支撑环境，利用计算机进行数值计算、逻辑判断和推理等功能来制定零件的机械加工工艺过程。工艺设计是产品开发的重要环节，工艺设计的好坏直接决定零件的生产质量和生产效率以及成本。CAPP系统的实施就是为了缩短工艺编制的时间，优化工艺并实现工艺编制的自动化，减轻工艺编制人员的劳动强度；CAPP系统的应用还可以使企业的工艺文件实现标准化，实现企业内部数据的高度统一，标准化的工艺文件更加适合企业现代化的生产与管理环境，方便企业应用PDM（产品数据管理）、ERP（企业资源计划）等系统。

自从1965年Niebel首次提出CAPP思想以来，各应用软件公司和研究所以及高校对CAPP领域的研究得到了极大的发展，主要经历了检索式、派生式、创成式、混合式、专家系统和工具系统等不同的发展阶段，并涌现出了一大批商品化的CAPP系统。但是相对于其他信息管理系统的发展，CAPP的应用水平仍然比较滞后。

总结国内大中小企业的CAPP应用现状，大多数企业CAPP的应用还存在一些不足和问题。

大多数企业CAPP的应用仅仅是对纸质工艺卡片的电子化管理，以及实现对工艺信息的电脑自动统计汇总和权限的管理与控制方面，这种程度仅仅是实现对传统工艺管理的电脑化管理。

大多数企业CAPP的应用还不能有效地完整地总结本企业（甚至是行业）的工艺设计经验和设计知识，因为没有标准化的有效的工艺知识库，造成企业的工艺编制仍然主要依靠有经验的工艺师，CAPP系统的智能化程度仍然很低。

大多数企业的CAPP系统的绘图环境可以与CAXA软件集成，而与CAD软件还不能完全集成，而大部分企业设计部门所采用的绘图软件都是CAD绘图软件，这样就造成了在CAPP系统里面进行工艺附图的设计和更改时比较费时费力。

现阶段，CAPP系统的绘图环境不再局限于二维绘图，能够实现三维绘图的越来越多。随着三维制图软件的发展和推广应用，三维制图将会成为我国制造企业产品设计的主要趋势。因此，CAPP系统的绘图环境还有待进一步提高和完善。

2. 关键技术

针对当前CAPP系统所存在的问题，如CAPP系统在智能性、实用性、通用性、集成性和柔性等方面的不足之处，必须对以下关键技术进一步研究，以提高CAPP的应用水平和效果。

零件的分类编码方法：实现CAPP系统的关键技术之一就是建立完善的零件分类编码系统，建立零件分类编码系统时，首先要提取每个零件的设计特征和制造特征，然后将零件的这些特征通过编码来识别。一般情况下，零件的特征越多，描述这些特征的编码也越复杂。常用的零件分类编码系统可以分为三种类型：以零件设计特征为基础的编码系统；以零件制造特征为基础的编码系统；以零件的设计和制造特征为基础的编码系统。

工艺设计相关技术：常用的工艺设计技术有相似工艺自动检索技术、参数化工艺设计技术、模块化/单元化工艺设计技术等。采用相似工艺检索技术，可以大大提高企业对成熟工艺的有效利用，提高企业工艺编制的效率和质量，同时也可以减少工艺编制人员的重复性工作，减少人力成本。参数化工艺设计技术是一种快捷有效的工艺设计模式。首先需要建立完善的典型工艺数据库，每种零件对应一种典型工艺，只需要将对应的典型工艺数据库里面的参数进行修改，就可以自动形成高质量的工艺文件。模块化工艺设计技术的核心思想是将制造工艺过程分解为一系列规范化的操作和规则，这些规范化的操作和规则组成不同的模块，每个模块里面的操作参数可以针对不同产品进行设计更改，针对特定零件的制造工艺可以利用参数化设计技术、专家系统技术实现不同模块化的组合。

集成环境下的工艺数据管理技术：传统的 CAPP 系统工艺数据管理技术一般采用文件形式对工艺数据进行保存，对工艺数据的管理要求不高。但是，随着大量制造企业信息化水平的不断提高，大部分 CAPP 系统是在网络化环境下实施应用的，因此，大量的工艺数据是在网络环境下处理和共享以及存储的，传统的基于文件保存工艺数据的方式已经不能适应网络化和集成化的环境，这就需要深入研究网络化集成环境下的工艺数据管理技术。总之，CAPP 系统中的工艺数据管理的目的是要保证工艺数控的一致性、有效性和完整性，实现 CAPP 与 CIMS（计算机集成制造系统）其他子系统的信息集成和信息的充分共享。

工艺知识库的建立技术：工艺知识库的建立和有效管理是 CAPP 系统成功运行的重要环节。建立工艺知识库时应解决以下几个关键问题：共享性、完善性、柔性和安全性。在建立知识库前，首先要做大量的调研和分析，在此基础上，再从零散的资料中找出规律，建立起标准统一的知识库，使之能应用于各种生产条件下的各种类型零件，并不断地对知识库进行完善，以适应用户不断变化的需求。在知识库管理过程中，将那些用户可以不断被修改和扩充的知识与程序分离存储，称为外部知识库；将那些用户不能随意修改和扩充的知识固化在程序中，称为内部知识库。内部知识库和外部知识库的具体界定则是需要进一步研究的内容。

5.3.4 CAM

1. 简介及发展过程

CAM（Computer Aided Manufacturing，计算机辅助制造）的核心是计算机数值控制（简称数控），是将计算机应用于制造生产过程的过程或系统。1952 年美国麻省理工学院首先研制成数控铣床。数控的特征是由编码在穿孔纸带上的程序指令来控制机床。此后发展了一系列的数控机床，包括称为"加工中心"的多功能机床，能从刀库中自动换刀和自动转换工作位置，能连续完成铣、钻、铰、攻丝等多道工序，这些都是通过程序指令控制运作的，只要改变程序指令就可改变加工过程，数控的这种加工灵活性称为"柔性"。

1952 年，MIT（美国麻省理工学院）在世界上首次开发出 NC（数字计算控制）机床，并同时进行了自动编程工具系统 APT（Automatically Programmed Tools）的开发工作，这是 CAM 历史的开端。CAM 的发展过程，大致可分为以下阶段：

（1）APT 为第一代 CAM 系统，1957 年和 1961 年分别完成了 APT-Ⅱ和 APT-Ⅲ系统。1964 年，以美国伊利诺伊理工学院为主承担了 APT 的长期开发、计划，并于 1969 年完成了 APT-Ⅳ的开发工作。APT 技术引入到德国阿亨大学，并在此基础上开发了 EXAPT-Ⅰ、EXAPT-Ⅱ、EXAPT-Ⅲ等系统。APT 系统结构为专机形式，其基本处理方式是人工或辅助式直接计算数控刀路，编程目标与对象也都直接是数控刀路。其特点是功能差，操作困难，专机专用。

（2）曲面 CAM 系统为第二代 CAM 系统，系统结构一般为 CAD/CAM 混合系统，较好地利用了 CAD 模型，以 CAD 模型为编程的目标对象，自动生成刀路轨迹，其自动化、智能化程度得到了大幅度提高。曲面 CAM 系统的基本特点是面向局部曲面的加工方式，表现为编程的难易程度与零件的复杂程度直接相关，而与产品的工艺特征、工艺复杂程度等没有直接相关关系。

（3）目前正在发展的新一代 CAM，系统的突出特点是：面向对象、面向工艺特征；基于知识的智能化；能够独立运行；更方便的工艺管理；网络化。其系统的自动化水平、智能化程度大大提高。

纵观 CAM 技术的发展历程，可以看出：CAM 的发展是一个不断吸收和利用 CAD 及周边相关技术的应用成果，不断发展的过程；是自动化、智能化、网络化水平不断提高的过程；是 CAM 系统结构及基本处理方式不断向适应工程化概念的方向发展的过程；更能满足生产发展提出的高速加工、复合化加工、分散化网络加工、高精度加工、智能制造等的要求。

目前企业普遍应用的只是数控程序编制，华中数控系统、南京 SKY 系统、日本 Funuc 系统、德国 Siemens 系统在国内企业中应用已经非常广泛，而广义的 CAM 只有少数大型企业采用，在中小企业中极少应用。其主要原因有：①中小企业采用的多是单一功能的 CAD/CAM 软件，难以达到 CAD/CAM 的功能集成；②尽管有些企业配备了高水平的集成软件，也花巨资引进了配套设备，但由于缺少高素质的技术人员，配备的软件和设备没有得到有效利用，只利用了极少一部分功能。

2. 功能及应用

加工程序的编制不但需要相当多的人工，而且容易出错，最早的 CAM 便是计算机辅助加工零件编程工作。麻省理工学院于 1950 年研究开发数控机床的加工零件编程语言 APT，它是类似 Fortran 的高级语言，增强了几何定义、刀具运动等语句，应用 APT 使编写程序变得简单，这种计算机辅助编程是批处理的。

数控除了在机床应用以外，还广泛地用于其他各种设备的控制，如冲压机、火焰或等离子弧切割、激光束加工、自动绘图仪、焊接机、装配机、检查机、自动编织机、电脑绣花和服装裁剪等，成为各个相应行业 CAM 的基础。

计算机辅助制造系统是通过计算机分级结构控制和管理制造过程的多方面工作，它的目标是开发一个集成的信息网络来监测一个广阔的相互关联的制造作业范围，并根据一个总体的管理策略控制每项作业。

从自动化的角度看，数控机床加工是一个工序自动化的加工过程，加工中心是实现零件部分或全部机械加工过程自动化，计算机直接控制和柔性制造系统是完成一族零件或不同族零件的自动化加工过程，而计算机辅助制造是计算机进入制造过程这样一个总的概念。

一个大规模的计算机辅助制造系统是一个计算机分级结构的网络，它由两级或三级计算机组成，中央计算机控制全局，提供经过处理的信息，主计算机管理某一方面的工作，并对下属的计算机工作站或微型计算机发布指令和进行监控，计算机工作站或微型计算机承担单一的工艺控制过程或管理工作。

计算机辅助制造系统的组成可以分为硬件和软件两方面：硬件方面有数控机床、加工中心、输送装置、装卸装置、存储装置、检测装置、计算机等，软件方面有数据库、计算机辅助工艺过程设计、计算机辅助数控程序编制、计算机辅助工装设计、计算机辅助作业计划编制与调度、计算机辅助质量控制等。

计算机辅助制造有狭义和广义的两个概念。CAM 的狭义概念指的是从产品设计到加工制造之间的一切生产准备活动，它包括 CAPP、NC 编程、工时定额的计算、生产计划的制订、资源需求计划的制订等，这是最初 CAM 系统的狭义概念。到今天，CAM 的狭义概念甚至更进一步缩小为 NC 编程的同义词。CAPP 已被作为一个专门的子系统，而工时定额的计算、生产计划的制订、资源需求计划的制订则划分给 MRP Ⅱ/ERP 系统来完成。CAM 的广义概念包括的内容则较多，除了上述 CAM 狭义定义所包含的所有内容外，它还包括制造活动中与物流有关的所有过程（加工、装配、检验、存储、输送）的监视、控制和管理。

5.3.5 CAD、CAE 常用软件

1. AutoCAD

1）简介及发展现状

AutoCAD（Autodesk Computer Aided Design）是 Autodesk（欧特克）公司首次于 1982 年开发的自动计算机辅助设计软件，用于二维绘图、详细绘制、设计文档和基本三维设计，现已经成为国际上广为流行的绘图工具。AutoCAD 具有良好的用户界面，通过交互菜单或命令行方式便可以进行各种操作。它的多文档设计环境，可使非计算机专业人员也能很快地学会使用。在不断实践的过程中更好地掌握它的各种应用和开发技巧，从而不断提高工作效率。AutoCAD 具有广泛的适应性，它可以在各种操作系统支持的微型计算机和工作站上运行。

AutoCAD 是目前国内外使用最广泛的 CAD 软件，它以其丰富的绘图命令、强大的编辑功能、三维造型功能和良好的用户界面深受广大工程技术人员的欢迎。在 AutoCADR14 的基础上，Autodesk 公司又推出了可相互协作的新一代设计产品 AutoCAD 2000、AutoCAD 2002、AutoCAD2004、AutoCAD 2005 及 AutoCAD 2006 等，可以说发展极其迅速。在 10 年里，绘图软件不断地进步，为设计者提供了越来越完善的应用。

随着 AutoCAD 技术的不断发展，其覆盖的工作领域也不断地扩大，如工程设计 AutoCAD 项目的管理、初步设计、分析计算、绘制工程、统计优化等。AutoCAD 技术的应用正在有力而迅速地改变着传统的工程设计方法和设计生产的管理模式。AutoCAD 具有以下优势：

手绘绘图一旦画错，修改非常烦琐，甚至从头来过，图面修补显得脏乱。用 AutoCAD 绘图则可以用一只鼠标做你想做的任何事情。它有统一的线型库、字体库，图面整洁统一。AutoCAD 软件所提供的 UNDO 功能让你不必担心画错，它可以使绘图操作返回到画错之前的状态一步。

AutoCAD 之所以高效，因其最强的功能之一："COPY"。AutoCAD 软件可以将施工图直

接转成设备底图，使设计者不会在描绘设备底图上浪费时间。而且 AutoCAD 软件大多提供丰富的分类图库、通用详图，设计者需要时可以直接调入。重复工作越多，这种优势越明显。

工程设计的精度可精确到 1/1 000 mm 或更高，并且可以通过当前窗口的缩放、对象捕捉、对象追踪和极轴等功能精确定位，方便绘图。

AutoCAD 具有三维立体功能：即实体物模型的建立，可由二维图形拉伸后生成三维图形，并可对三维模型进行方案优化、渲染和制作动画，从而达到逼真的效果。此外，AutoCAD 软件具有 LISP 语言编程，可由用户进行二次开发。因此，我们也称 AutoCAD 为软件包，与高级语言（如数据库管理程序、C 语言等）连接的功能使之应用更加广泛。但随着 AutoCAD 在工程中的大量应用及其技术的成熟，它的一些缺点也暴露无遗：

由于电脑屏幕尺寸的限制，设计者关注的往往是设计的局部，对全局的把握有一定影响，使得整体的比例、体量失控。AutoCAD 的精确性要求其每一笔都要有准确的数据，使得方案设计中需要的模糊性、随机性被扼杀，设计缺乏灵感。另一方面 AutoCAD 软件自身功能的局限性以及设计者对 AutoCAD 软件掌握的熟练程度，使得设计者好的灵感、创意不能通过 AutoCAD 表达出来，设计者的思想、思路、灵感被束缚。

AutoCAD 是一项科技含量很高的技术，通常一名设计人员要用半年到一年的时间才能熟练掌握 AutoCAD 软件及电脑知识。可是在科技飞速发展的今天，学习的步伐永远追不上电脑、外设、AutoCAD 软件的更新、升级步伐。设计者不得不花费大量时间应付这些变化。一个优秀的设计者不一定是 AutoCAD 高手，反之亦然。AutoCAD 对人力、时间的浪费可见一斑。其次，AutoCAD 对物质财力的浪费更甚。要想实现微机制图其硬件设备，如电脑、工作站、绘图仪、复印机、扫描仪、数字化仪、数码相机、可录光驱、UPS（不间断电源）等的投资不菲，而它们的折旧率、升级费用也很高。

AutoCAD 技术使得设计者不得不面对计算机病毒，AutoCAD 软件本身的更新升级，电脑资料的保存等一些不可靠因素。

2）功能

平面绘图：能以多种方式创建直线、圆、椭圆、多边形、样条曲线等基本图形对象。AutoCAD 提供了正交、对象捕捉、极轴追踪、捕捉追踪等绘图辅助工具。正交功能使用户可以很方便地绘制水平、竖直直线，对象捕捉可帮助拾取几何对象上的特殊点，而追踪功能使画斜线及沿不同方向定位点变得更加容易。

编辑图形：AutoCAD 具有强大的编辑功能，可以移动、复制、旋转、阵列、拉伸、延长、修剪、缩放对象等。可以创建多种类型尺寸，标注外观可以自行设定；能轻易在图形的任何位置、沿任何方向书写文字，可设定文字字体、倾斜角度及宽度缩放比例等属性；图形对象都位于某一图层上，可设定图层颜色、线型、线宽等特性。

三维绘图：可创建 3D 实体及表面模型，能对实体本身进行编辑。可将图形在网络上发布，或是通过网络访问 AutoCAD 资源；AutoCAD 提供了多种图形图像数据交换格式及相应命令；AutoCAD 允许用户定制菜单和工具栏，并能利用内嵌语言 Autolisp、Visual Lisp、VBA、ADS、ARX 等进行二次开发。

3）应用

工程制图：建筑工程、装饰设计、环境艺术设计、水电工程、土木施工等。

工业制图：精密零件、模具、设备等。
服装加工：服装制版。
电子工业：印刷电路板设计。

广泛应用于土木建筑、装饰装潢、城市规划、园林设计、电子电路、机械设计、服装鞋帽、航空航天、轻工化工等诸多领域。

在不同的行业中，Autodesk（欧特克）开发了各行业专用的版本和插件，在机械设计与制造行业中发行了 AutoCAD Mechanical 版本。在电子电路设计行业中发行了 AutoCAD Electrical 版本。在勘测、土方工程与道路设计发行了 Autodesk Civil 3D 版本。而学校里教学、培训中所用的一般都是 AutoCAD 简体中文（Simplified Chinese）版本。

2. CAXA

1）简介及发展现状

北京数码大方科技股份有限公司（CAXA）是中国领先的工业软件和服务公司，是中国最大的 CAD 和 PLM 软件供应商，是中国工业云的倡导者和领跑者，主要提供数字化设计（CAD）、数字化制造（MES）、产品全生命周期管理（PLM）和工业云服务，是"中国工业云服务平台"的发起者和主要运营商。

CAXA 是中国人自己开发的适合中国制图标准的绘图软件，对于中国的用户，全中文操作环境使其容易掌握。另外，CAXA 提供许多人性化的功能，如自动分层、中心线绘制、图框和标题栏的定制、标题栏的填写以及按元素分类的拾取设置等，都在实际的应用过程中给设计者带来极大的便利。对于工程图纸中常见的粗糙度符号、焊接符号、引出标注、形位公差的基准、倒角标注、剖切符号等 CAXA 均提供了简单易用的标注方法。另外，CAXA 还提供了零件序号的标注及编辑，明细表的自动生成等功能，零件序号可以根据需要随时增减，系统也会自动调整。如果结合其相关插件还可以实现产品结构的生成、零部件统计等功能。

能够将实体与曲面进行连接的一体化 CAD 软件，就是 CAXA 软件。该软件具有很大的优势，如该软件实现的功能非常广泛、代码的使用效果非常好，相对于其他软件的工作效率较高，是近几年我国自产的编程软件。该软件能够实现轨迹参数化的功能，不仅可以实现快速切削工作，而且可以直接进行全面模型的设计。这一项功能的利用将会大大增强机床加工的质量，还能够直接对实体进行程序设定，提高生产的效率。在进行机械数控加工过程中，CAXA 软件能够实现后置处理的功能。该功能主要可以实现多轴数控、代码验证、编写轨迹参数、实现通用等多种目的。特别是在进行曲面的实体组合和造型功能的实现方面，会给机械数控加工带来更多方便，从而提高机械数控加工的工作效率。

尽管 CAXA 有诸多优点，但在使用过程中仍存在一些缺陷：如人机参数输入对话框固定在屏幕的下方，为参数的输入带来一些不方便之处，使鼠标的移动距离加大，降低了效率以及一些参数输入的操作次数较多，等等；在图纸打印输出的方便性上也需加强；另外，可能是由于 CAXA 的尺寸驱动功能的要求，使 CAXA 软件制作的图纸对各元素间的拓扑关系记忆较多导致文件占用的磁盘空间相对较大，如果能使用户对尺寸驱动功能有所选择，则会更好一些；在使用的认知程度上，由于 CAXA 针对的是中国国内用户，对那些经常与国外用户之间有电子形式图纸交换或对 AutoCAD 的多年用户的图纸资源的再使用方面可能存在一些麻烦。

2）功能

CAXA 是一款拥有卓越工艺性的数控编程软件，为数控加工行业提供了一套完善的解决措施，其中包含了造型、设计加工以及代码检测等。CAXA 主要功能有以下几个：

（1）实体造型的特征丰富，例如导动、放样、打孔、分模以及圆角等，能够对平面草图轮廓做出快速的优化，形成立体实体模型，提供多种构建基准平面的功能。

（2）曲面造型的功能是提供较多类型的 NURBS 曲面造型方式，种类繁多。例如，导动、边界、等距以及扫面等。

（3）系统支持实体和复杂曲面连接的造型方式，多用于在复杂零件以及磨具设计方面，提供曲面剪裁实体功能、曲面加厚成实体功能等。操作者可以根据提示区里的提示进行操作。

（4）加工模块提供了多种粗、精、补加工功能，提供了四轴、五轴和叶轮叶片粗精加工。

（5）自动按照加工的先后顺序生成加工工艺清单，方便编程者和机床操作者之间的交流。

（6）为数控提供轨迹仿真功能，并以此来对代码进行检测，利用对实体的模仿与加工，体现最终加工余量；除此之外，其还能够自主对各种工具进行检查，明确设备之间是否存在干扰。

（7）后置处理器无须生成中间文件就可以输出 G 代码指令。

3. UG

1）简介

UG 是 Unigraphics 的缩写，这是一个交互式 CAD/CAM（计算机辅助设计与计算机辅助制造）系统，它功能强大，可以轻松实现各种复杂实体及造型的建构。它在诞生之初主要基于工作站，但随着 PC 硬件的发展和个人用户的迅速增长，在 PC 上的应用取得了迅猛的增长，目前已经成为模具行业三维设计的一个主流应用。

UG 的开发始于 1990 年 7 月，它是基于 C 语言开发实现的。UG NX 是一个在二维和三维空间无结构网格上使用自适应多重网格方法开发的一个灵活的数值求解偏微分方程的软件工具。其设计思想是灵活地支持多种离散方案，因此软件可对许多不同的应用再利用。

一个给定过程的有效模拟需要来自应用领域（自然科学或工程）、数学（分析和数值数学）及计算机科学的知识。然而，所有这些技术在复杂应用中的使用并不是太容易。这是因为组合所有这些方法需要巨大的复杂性及交叉学科的知识。最终软件的实现变得越来越复杂，以至于超出了一个人能够管理的范围。一些非常成功的解偏微分方程的技术，特别是自适应网格加密（adaptive mesh refinement）和多重网格方法在过去的 10 年中已被数学家研究，同时随着计算机技术的巨大进展，特别是大型并行计算机的开发带来了许多新的可能。

UG 的目标是用最新的数学技术，即自适应局部网格加密、多重网格和并行计算，为复杂应用问题的求解提供一个灵活的可再使用的软件基础。

一个如 UG NX 这样的大型软件系统通常需要有不同层次抽象的描述。UG 具有三个设计层次，即结构设计（architectural design）、子系统设计（subsystem design）和组件设计（component design）。

至少在结构和子系统层次上，UG 是用模块方法设计的并且信息隐藏原则被广泛地使用,所有陈述的信息被分布于各子系统之间。

2) 功能

工业设计:NX 为培养创造性风格和产品技术革新的工业设计提供了强有力的解决方案。利用 NX 建模,工业设计师能够迅速地建立和改进复杂的产品形状,并且可使用先进的渲染和可视化工具来最大限度地满足设计概念的审美要求。

产品设计:NX 包括强大、广泛的产品设计应用模块。NX 具有高性能的机械设计和制图功能,为制造设计提供了高性能和灵活性,以满足客户设计任何复杂产品的需要。NX 优于通用的设计工具,具有专业的管路和线路设计系统、钣金模块、专用塑料件设计模块和其他行业设计所需的专业应用程序。

仿真确认优化:NX 允许制造商以数字化的方式仿真、确认和优化产品及其开发过程。通过在开发周期中较早地运用数字化仿真性能,制造商可以改善产品质量,同时减少或消除对于物理样机的昂贵耗时的设计、构建,以及对变更周期的依赖。

NC 加工:UG NX 加工基础模块提供连接 UG 所有加工模块的基础框架,它为 UG NX 所有加工模块提供了一个相同的、界面友好的图形化窗口环境,用户可以在图形方式下观测刀具沿轨迹运动的情况并可对其进行图形化修改;如对刀具轨迹进行延伸、缩短或修改等。该模块同时提供通用的点位加工编程功能,可用于钻孔、攻丝和镗孔等加工编程。该模块交互界面可按用户需求进行灵活的用户化修改和剪裁,并可定义标准化刀具库、加工工艺参数样板库,使粗加工、半精加工、精加工等操作常用参数标准化,以减少使用培训时间并优化加工工艺。UG 软件所有模块都可在实体模型上直接生成加工程序,并保持与实体模型全相关。UG NX 的加工后置处理模块可使用户方便地建立自己的加工后置处理程序,该模块适用于目前世界上几乎所有主流 NC 机床和加工中心,该模块在多年的应用实践中已被证明适用于 2~5 轴或更多轴的铣削加工、2~4 轴的车削加工和电火花线切割。

模具设计:UG 是当今较为流行的一种模具设计软件,主要是因其功能强大。模具设计的流程很多,其中分模就是其中关键的一步。分模有两种:一种是自动的;另一种是手动的,当然也不是纯粹的手动,也要用到自动分模工具条的命令,即模具导向。

4. CATIA

1) CATIA 诞生

CATIA 是法国 Dassault System 公司旗下的 CAD/CAE/CAM 一体化软件,Dassault System 成立于 1981 年,CATIA 是英文 Computer Aided Tri – Dimensional Interface Application 的缩写。

20 世纪 70 年代 Dassault Aviation 成为 CATIA 第一个用户,Dassault Aviation 是世界著名的航空航天企业,其产品以幻影 2000 和阵风战斗机最为著名。从 1982 年到 1988 年,CATIA 相继发布了 V1 版本、V2 版本、V3 版本,并于 1993 年发布了功能强大的 V4 版本,现在的 CATIA 软件分为 V4 版本和 V5 版本两个系列。V4 版本应用于 UNIX 平台,V5 版本应用于 UNIX 和 Windows 两种平台。

CATIA 如今在 CAD/CAE/CAM 以及 PDM(产品数据管理)领域内的领导地位,已得到世界范围内的承认。其销售利润从最开始的 100 万美元增长到现在的近 20 亿美元。雇员人数由 20 人发展到 2 000 多人。居世界 CAD/CAE/CAM 领域的领导地位,广泛应用于航空航天、汽车制造、造船、机械制造、电子\电器、消费品行业,它的集成解决方案覆盖所有的产品设计与制造领域,其特有的 DMU(数字化电子样本)模块功能及混合建模技术更是推动着企业竞争力和生产力的提高。

CATIA 提供方便的解决方案，迎合所有工业领域的大、中、小型企业需要。包括：从大型的波音 747 飞机、火箭发动机到化妆品的包装盒，几乎涵盖了所有的制造业产品。在世界上有超过 13 000 的用户选择了 CATIA。CATIA 源于航空航天业，但其强大的功能已得到各行业的认可，在欧洲汽车业，已成为事实上的标准。CATIA 的著名用户包括波音、克莱斯勒、宝马、奔驰等一大批知名企业。其用户群体在世界制造业中具有举足轻重的地位。波音飞机公司使用 CATIA 完成了整个波音 777 的电子装配，创造了业界的一个奇迹，从而也确定了 CATIA 在 CAD/CAE/CAM 行业内的领先地位。

2）行业应用

航空航天：CATIA 源于航空航天工业，是业界无可争辩的领袖。以其精确安全，可靠性满足商业、防御和航空航天领域各种应用的需要。在航空航天业的多个项目中，CATIA 曾应用于开发虚拟的原型机，其中包括波音飞机公司（美国）的波音 777 和波音 737，Dassault 飞机公司（法国）的阵风（Rafale）战斗机、Bombardier 飞机公司（加拿大）的 Global Express 公务机以及 Lockheed Martin 飞机公司（美国）的 Darkstar 无人驾驶侦察机。波音飞机公司在波音 777 项目中，应用 CATIA 设计了除发动机以外的所有的机械零件，并将包括发动机在内的所有的零件进行了预装配。波音 777 也是迄今为止，唯一进行 100% 数字化设计和装配的大型喷气客机。参与波音 777 项目的工程师、工装设计师、技师以及项目管理人员超过 1 700 人，分布于美国、日本、英国的不同地区。他们通过 1 400 套 CATIA 工作站联系在一起，进行并行工作。波音的设计人员对 777 的全部零件进行了三维实体造型，并在计算机上对整个 777 进行了全尺寸的预装配。预装配使工程师不必再制造一个物理样机，工程师在预装配的数字样机上即可检查和修改设计中的干涉与不协调。波音飞机公司宣布在 777 项目中，与传统设计和装配流程相比较，由于应用 CATIA 节省了 50% 的重复工作和错误修改时间。尽管首架 777 的研发时间与应用传统设计流程的其他机型相比，其节省的时间并不是非常的显著，但波音飞机公司曾预计，777 后继机型的开发至少可节省 50% 的时间。CATIA 的后参数化处理功能在 777 的设计中也显示出了其优越性和强大功能。为迎合特殊用户的需求，利用 CATIA 的参数化设计，波音公司不必重新设计和建立物理样机，只需进行参数更改，就可以得到满足用户需要的电子样机，用户可以在计算机上进行预览。

汽车工业：CATIA 是汽车工业的事实标准，是欧洲、北美和亚洲顶尖汽车制造商所用的核心系统。CATIA 在造型风格、车身及引擎设计等方面具有独特的长处，为各种车辆的设计和制造提供了端对端（end to end）的解决方案。CATIA 涉及产品、加工和人三个关键领域。CATIA 的可伸缩性和并行工程能力可显著缩短产品上市时间。一级方程式赛车、跑车、轿车、卡车、商用车、有轨电车、地铁列车、高速列车，各种车辆在 CATIA 上都可以作为数字化产品，在数字化工厂内，通过数字化流程，进行数字化工程实施。CATIA 的技术在汽车工业领域内是无人可及的，并且被各国的汽车零部件供应商所认可。从近来一些著名汽车制造商所做的采购决定，如 Renault、Toyota、Karman、Volvo、Chrysler 等，足以证明数字化车辆的发展动态。Scania 是居于世界领先地位的卡车制造商，总部位于瑞典。其卡车年产量超过 50 000 辆。当其他竞争对手的卡车零部件还在 25 000 个左右时，Scania 公司借助于 CATIA 系统，已经将卡车零部件减少了一半。现在，Scania 公司在整个卡车研制开发过程中，使用更多的分析仿真，以缩短开发周期，提高卡车的性能和维护性。CATIA 系是 Scania 公司的主要 CAD/CAM 系统，全部用于卡车系统和零部件的设计。通过应用这些新的设计工具，如发动机和车身底盘部门 CATIA 系统创成式零部件应力分析的应用，支持开发过程中的重复使用等应用，公司已取得了良好的投资回报。现在，为了进一步提高产品的性能，Scania 公司在整个开发过程中，正在推广设计师、分析师和检验部门更加紧密地协同工作方式。这种协调工作方式可使 Scania 公司更具市场应变、制造能力，同时又能从物理样机和虚拟数字化样机中不断积累产品知识。

造船工业：CATIA 为造船工业提供了优秀的解决方案，包括专门的船体产品和船载设备、机械解决方案。船体设计解决方案已被应用于众多船舶制造企业，类似 General Dynamics，Meyer Weft 和 Delta Marin，涉及所有类型船舶的零件设计、制造、装配。船体的结构设计与定义是基于三维参数化模型的。参数化管理零件之间的相关性，相关零件的更改可以影响船体的外形。船体设计解决方案与其他 CATIA 产品是完全集成的。传统的 CATIA 实体和曲面造型功能用于基本设计与船体光顺。Bath Iron Works 应用 GSM（创成式外形设计）作为参数化引擎，进行驱逐舰的概念设计并且与其他船舶结构设计解决方案进行数据交换。

General Dynamic Electric Boat 和 Newport News Shipbuilding 使用 CATIA 设计和建造美国海军的新型弗吉尼亚级攻击潜艇。诺思罗普·格鲁曼公司已经将法国达索（Dassault）公司开发的计算机辅助设计软件应用到其舰船设计最具挑战性的工作中；"吉拉德·R·福特"级核动力航空母舰不仅是美国海军 40 多年以来设计的唯一一级航空母舰，还是第一种全程使用计算机软件而非图纸进行设计的航空母舰。该级航空母舰首舰"吉拉德·R·福特"号，排水量为 10 万 t，长为 1 092 ft①，于 2015 年进入美国海军舰队服役。"吉拉德·R·福特"号航空母舰并不是美国海军中第一种使用计算机辅助设计技术的舰船。"圣安东尼奥"级两栖船坞登陆舰和"弗吉尼亚"级潜艇都使用了计算机辅助设计技术。诺思罗普·格鲁曼造船公司位于弗吉尼亚州纽波特纽斯的造船厂，曾经建造过 10 艘"尼米兹"级核动力航空母舰，在航空母舰设计上拥有丰富的经验。为了设计建造"吉拉德·R·福特"号航空母舰，诺思罗普·格鲁曼造船公司选择了由法国达索系统公司开发的计算机辅助三维交互式运用软件，即 CATIA（Computer Aided 3D Interactive Analysis）软件。达索在美国与 IBM 公司合作销售这款软件。诺思罗普·格鲁曼造船公司的网站上介绍说："CATIA 软件可以模拟所有的设计过程，从项目前阶段到细节设计、分析、模拟，一直到组装和维护。"CATIA 软件最初是在 20 世纪 80 年代用于飞机的设计。30 多年以来，该软件经过了多次升级，为工业界所广泛运用。大量的系统从核反应堆、相关的安全设备到全部的生命支持设备需要一个综合的、有效的产品数据管理系统（PDM）进行整个潜艇产品定义的管理，不仅仅是一个材料单，而是所有三维数字化产品和焊接设备。Enovia 提供了强大的数据管理能力，使之 CATIA 成为当今世界上最顶尖的技术。

Meyer Werft 关于 CAD 技术的应用在业内一直处于领先地位，从设计、零件、船载设备到试车，涉及造船业的所有方面。在切下第一块钢板前，已经完成了全部产品的三维设计和演示。Delta Marin 在船舶的设计与制造过程中，依照船体设计舰桥、甲板和推进系统。船主利用 4D 漫游器进行浏览和检查。中国广州的文冲船厂也对 CATIA 进行了成功的应用。使用

---

① 英寸，1 ft = 0.025 4 m。

CATIA 进行三维设计,取代了传统的二维设计。

厂房设计:在丰富经验的基础上,IBM 和 Dassault – Systems 为造船业、发电厂、加工厂和工程建筑公司开发了新一代的解决方案,包括管道、装备、结构和自动化文档。CCPlant 是这些行业中第一个面向对象的知识工程技术的系统。CCPlant 已被成功应用于 Chrysler 及其扩展企业。使用 CCPlant 和 Deneb 仿真对正在建设中的 Toledo 吉普工厂设计进行了修改,费用的节省已经很明显地体现出来。Haden International 的涂装生产线主要应用于汽车和航天工业。Haden International 应用 CATIA 设计其先进的涂装生产线,CCPlant 明显缩短了设计与安装的时间。Shell 使用 CCPlant 在鹿特丹工厂开发新的生产流程,鹿特丹工厂拥有2 000万 t 原油的年处理能力,可生产塑料、树脂、橡胶等多种复杂化工产品。

加工和装配:一个产品仅有设计是不够的,还必须制造出来。CATIA 擅长为棱柱和工具零件做 2D/3D 关联,分析和 NC;CATIA 规程驱动的混合建模方案能保证高速生产和组装精密产品,如机床、医疗器械、胶印机钟表及工厂设备等均能做到一次成功。在机床工业中,用户要求产品能够迅速地进行精确制造和装配。Dassault System 产品的强大功能使其应用于产品设计与制造的广泛领域。大的制造商像 Staubli 从 Dassault System 的产品中受益匪浅。Staubli 使用 CATIA 设计和制造纺织机械和机器人。Gidding 和 Lewis 使用 CATIA 设计和制造大型机床。Dassault System 产品也同样应用于众多小型企业。像 Klipan 使用 CATIA 设计和生产电站的电子终端和控制设备。Polynorm 使用 CATIA 设计和制造压力设备。Tweko 使用 CADAM 设计焊接和切割工具。

消费品:全球有各种规模的消费品公司信赖 CATIA,其中部分原因是 CATIA 设计的产品的风格新颖,而且具有建模工具和高质量的渲染工具。CATIA 已用于设计和制造如下多种产品:餐具、计算机、厨房设备、电视和收音机以及庭院设备。另外,为了验证一种新的概念在美观和风格选择上达到一致,CATIA 可以从数字化定义的产品,生成具有真实效果的渲染照片。在真实产品生成之前,即可促进产品的销售。

5. ANSYS

1) 简介

ANSYS 是目前世界顶端的有限元商业应用程序,是融结构、流体、电场、磁场、声场分析于一体的大型通用有限元分析软件。由世界上最大的有限元分析软件公司之一的美国 ANSYS 开发,它能与多数 CAD 软件接口,实现数据的共享和交换,如 Pro/Engineer、NASTRAN、IDEAS、AutoCAD 等,是现代产品设计中的高级 CAD 工具之一。美国 John Swanson 博士于 1970 年创建 ANSYS 公司后,便开发出了该应用程序,以此用计算机模拟工程结构分析,历经 40 多年的不断完善和修改,现已成为全球广受欢迎的应用程序。

ANSYS 是一种广泛的商业套装工程分析软件。所谓工程分析软件,主要是在机械结构系统受到外力负载所出现的反应,如应力、位移、温度等,根据该反应可知道机械结构系统受到外力负载后的状态,进而判断是否符合设计要求。一般机械结构系统的几何结构相当复杂,受的负载也相当多,理论分析往往无法进行。想要解答,必须先简化结构,采用数值模拟方法分析。由于计算机行业的发展,相应的软件也应运而生,ANSYS 软件在工程上应用相当广泛,在机械、电机、土木、电子及航空等领域的使用,都能达到某种程度的可信度,颇获各界好评。使用该软件,能够降低设计成本,缩短设计时间。到 20 世纪 80 年代初期,国际上较大型的面向工程的有限元通用软件主要有 ANSYS、NASTRAN、ASKA、ADINA、

SAP 等。以 ANSYS 为代表的工程数值模拟软件，是一款多用途的有限元法分析软件，1971 年的 2.0 版本与今天的 8.0 版本已有很大的不同，起初它仅提供结构线性分析和热分析，现在可用来求结构、流体、电力、电磁场及碰撞等问题。它包含了前置处理、解题程序以及后置处理，将有限元分析、计算机图形学和优化技术相结合，已成为现代工程学问题必不可少的有力工具。

ANSYS 软件的主要特点是紧跟计算机软硬件发展的最新水平，功能丰富，用户界面友好，前后处理和图形功能完备，使用高效的有限元系统，拥有丰富的单元库、材料模型库和求解器，可保证求解各类结构的静力、动力、振动、线性和非线性问题，并能求解温度场、散热场及多场耦合问题。ANSYS 多物理场耦合的功能，允许在同一模型上进行多种耦合计算，如热－结构耦合、磁－结构耦合及电－磁耦合，确保了 ANSYS 对各种工程问题的求解，并带有功能强大的前处理和后处理程序，程序使用统一的集中式数据库来存储所有的模型数据及求解结果，数据通过前处理器写入数据库，载荷和求解结果通过求解器写入数据库，后处理结果通过后处理器写入数据库中，数据一旦通过某一处理器写入数据库，则其他处理器也可调用。

6. 应用

ANSYS 的应用可分为国防和民用两大类，主要有：汽车、飞机、火车、轮船等运输工具的碰撞分析；金属成型、金属切割；汽车零部件的机械制造；塑料成型、玻璃成型；生物力学；地震工程；消费品、建筑物、高速结构等的安全性分析；点焊、铆焊、螺栓连接；液体结构相互作用；运输容器设计；内弹道发射对结构的动力响应分析；终点弹道的爆炸驱动和破坏效应分析；军用新材料（包括炸药、复合材料、特种金属等）的研制和动力特性分析；超高速碰撞模拟分析，等等。

在机械方面，ANSYS 可以对机械结构的静、动态力学特性进行分析。静力分析用于静态载荷，可以考虑结构的线性及非线性行为，如大变形、大应变、应力刚化、接触、塑性、超弹性及蠕变等。模态分析是计算线性结构的自振频率及振形。谱分析是模态分析的扩展，用于计算由于随机振动引起的结构应力和应变。在机械结构动力学分析中，利用弹性力学有限元建立结构的动力学模型，进而可以计算出结构的固有频率、振形等模态参数以及动力响应。

7. 关键技术

软件主要包括三个部分：前处理模块、分析计算模块和后处理模块。

（1）前处理模块。前处理模块提供了一个强大的实体建模及网格划分工具，用户可以方便地构造有限元模型，建模技术：ANSYS 得到广泛应用的主要原因在于其拥有直观、方便、快捷和有效的建模技术，主要有利用菜单建模以及利用 CAD 模型导入 ANSYS 实现建模；网格划分：ANSYS 中的网格划分方法主要有自由网格划分、映射网格划分和体扫掠网格划分三种。

（2）分析计算模块。分析计算模块包括结构分析（可进行线性分析、非线性分析和高度非线性分析）、流体动力学分析、电磁场分析、声场分析、压电分析以及多物理场的耦合分析，可模拟多种物理介质的相互作用，具有灵敏度分析及优化分析能力。

（3）后处理模块。后处理模块可将计算结果以彩色等值线显示、梯度显示、矢量显示、粒子流迹显示、立体切片显示、透明及半透明显示（可看到结构内部）等图形方式显示出来,也可将计算结果以图表、曲线形式显示或输出。

5.3.6 MATLAB

1. 发展历程

MATLAB 是矩阵实验室的简称,早期的 MATLAB 是用 Fortran 语言编写的,只能做矩阵运算;绘图也只能用极其原始的方法,即用星号描点的形式画图;内部函数也只提供了几十个。但即使其当时的功能十分简单,当它作为免费软件出现以来,还是吸引了大批的使用者。1984 年由 Little、Moler、Steve Bangert 合作成立的 Math Works 公司,正式把 MATLAB 推向市场,是第一个商业化的版本——MATLAB1.0 的 DOC 版本,其后又增添了丰富多彩的图形图像处理、多媒体功能、符号运算和它与其他流行软件的接口功能,当时的 MATLAB 版本已经用 C 语言做了完全的改写,使得 MATLAB 的功能越来越强大。The Math Works 公司于 1992 年推出了 4.0 版本,1994 年的 4.2 版本扩充了 4.0 版本的功能,尤其在图形界面设计方面更提供了新的方法。1997 年推出的 5.0 版允许了更多的数据结构,如单元数据、多维矩阵、对象与类等,使其成为一种更方便编程的语言。1999 年推出的 MATLAB 5.3 版在很多方面又进一步改进了 MATLAB 语言的功能。2000 年 10 月底推出了 MATLAB 6.0 正式版(Release12),在核心数值算法、界面设计、外部接口、应用桌面等诸多方面有了极大的改进。虽然 MATLAB 语言是计算数学专家倡导并开发的,但其普及和发展离不开自动控制领域学者的贡献。甚至可以说,MATLAB 语言是自动控制领域学者和工程技术人员捧红的,因为在 MATLAB 语言的发展进程中,许多有代表性的成就和控制界的要求与贡献是分不开的。迄今为止,大多数工具箱也都是控制方面的。MATLAB 具有强大的数学运算能力、方便实用的绘图功能及语言的高度集成性,使它在其他科学与工程领域的应用也是越来越广,并且有着更广阔的应用前景和无尽的潜能。MATLAB 语言可以将使用者从烦琐、无谓的底层编程中解放出来,把有限的宝贵时间更多地花在解决问题中,这样无疑会提高工作效率。目前,MATLAB 已经成为国际上最流行的科学与工程计算的软件工具,现在的 MATLAB 已经不仅仅是一个"矩阵实验室"了,它已经成了一种具有广泛应用前景的全新的计算机高级编程语言了,有人称它为"第四代"计算机语言,它在国内外高校和研究部门正扮演着重要的角色。

MATLAB 作为一种面向科学和工程计算的高级计算机语言,具有用法简单、灵活、方程式结构性强、延展性好等优点,已经逐渐成为科技计算、视图交互系统和程序中的首选语言工具。特别是它在线性代数、数理统计、自动控制、数字信号处理、动态系统仿真等方面表现突出,已经成为科研工作人员和工程技术人员进行科学研究与生产实践的有力武器。SIMULINK 是 MATLAB 提供的主要工具箱之一,方便地用于可视化的动态系统建模、仿真和分析,目前在控制问题的研究上得到了很好的运用。

2. 简介

MATLAB 由一系列工具组成。这些工具方便用户使用 MATLAB 的函数和文件,其中许多工具采用的是图形用户界面,包括 MATLAB 桌面和命令窗口、历史命令窗口、编辑器和调试器、路径搜索和用于用户浏览帮助、工作空间、文件的浏览器。随着 MATLAB 的商业化以及软件本身的不断升级,MATLAB 的用户界面也越来越精致,更加接近 Windows 的标准界面,人机交互性更强,操作更简单。而且新版本的 MATLAB 提供了完整的联机查询、帮助系统，极大地方便了用户的使用。简单的编程环境提供了比较完备的调试系统，程序不必经过编译就可以直接运行，而且能够及时地报告出现的错误及进行出错原因分析。

MATLAB 是一个高级的矩阵/阵列语言，它包含控制语句、函数、数据结构、输入、输出和面向对象编程特点。用户可以在命令窗口中将输入语句与执行命令同步，也可以先编写好一个较大的复杂的应用程序（M 文件）后再一起运行。新版本的 MATLAB 语言是基于最为流行的 C++ 语言基础上的，因此语法特征与 C++ 语言极为相似，而且更加简单，更加符合科技人员对数学表达式的书写格式，使之更利于非计算机专业的科技人员使用。这种语言可移植性好、可拓展性极强，这也是 MATLAB 能够深入到科学研究及工程计算各个领域的重要原因。

MATLAB 是一个包含大量计算算法的集合，其拥有 600 多个工程中要用到的数学运算函数，可以方便地实现用户所需的各种计算功能。函数中所使用的算法都是科研和工程计算中的最新研究成果，而且经过了各种优化和容错处理。在通常情况下，可以用它来代替底层编程语言，如 C 和 C++。在计算要求相同的情况下，使用 MATLAB 的编程工作量会大大减少。MATLAB 的这些函数集包括从最简单最基本的函数到诸如矩阵，特征向量、快速傅里叶变换的复杂函数。函数所能解决的问题其大致包括矩阵运算和线性方程组的求解、微分方程及偏微分方程的组的求解、符号运算、傅里叶变换和数据的统计分析、工程中的优化问题、稀疏矩阵运算、复数的各种运算、三角函数和其他初等数学运算、多维数组操作以及建模动态仿真等。

MATLAB 具有方便的数据可视化功能，可以将向量和矩阵用图形表现出来，并且可以对图形进行标注和打印。高层次的作图包括二维和三维的可视化、图像处理、动画和表达式作图，可用于科学计算和工程绘图。新版本的 MATLAB 对整个图形处理功能做了很大的改进和完善，使它不仅在一般数据可视化软件都具有的功能（例如二维曲线和三维曲面的绘制和处理等）方面更加完善，而且对于一些其他软件所没有的功能（例如图形的光照处理、色度处理以及四维数据的表现等），MATLAB 同样表现了出色的处理能力。同时对一些特殊的可视化要求，如图形对话等，MATLAB 也有相应的功能函数，保证了用户不同层次的要求。另外新版本的 MATLAB 还着重在图形用户界面（GUI）的制作上做了很大的改善，对这方面有特殊要求的用户也可以得到满足。

MATLAB 对许多专门的领域都开发了功能强大的模块集和工具箱。一般来说，它们都是由特定领域的专家开发的，用户可以直接使用工具箱学习、应用和评估不同的方法而不需要自己编写代码。应用领域，诸如数据采集、数据库接口、概率统计、样条拟合、优化算法、偏微分方程求解、神经网络、小波分析、信号处理、图像处理、系统辨识、控制系统设计、LMI 控制、鲁棒控制、模型预测、模糊逻辑、金融分析、地图工具、非线性控制设计、实时快速原型及半物理仿真、嵌入式系统开发、定点仿真、DSP 与通信、电力系统仿真等，都在工具箱（toolbox）中。

3. 应用

MATLAB 的应用范围非常广，包括信号和图像处理、通信、控制系统设计、测试和测量、财务建模和分析以及计算生物学等众多领域。附加的工具箱（单独提供的专用 MATLAB 函数集）扩展了 MATLAB 环境，以解决这些应用领域内特定类型的问题。可实现以下工作：数值分析、数值和符号计算、工程与科学绘图、控制系统的设计与仿真、数字图像处理、数字信号处理、通信系统设计与仿真、财务与金融工程等。

MATLAB 语言作为用于科学工程计算的高效率高级语言，出现许多以它为基础的实用工具箱，并提出用 MATLAB 语言系统中动态仿真系统 SIMULINK 在车辆动力学建模中的应用思想。汽车动力学是一门复杂的学科，无论是在汽车动力学开环研究过程中，还是闭环研究的过程中，汽车自身的模型都是重点研究内容。根据不同研究目的，人们建立了不同的汽车模型，然而，无论建立的模型多么复杂都不具备通用性。随着汽车技术的发展，汽车受力不再遵循线性规律而是非线性规律，因而动力学模型也应不断发展。针对这种情况，提出利用 MATLAB 中提供的扩展工具建立非线性数学模型的新方法，具体地对车辆系统进行数字仿真建模，并将结果与工程实际进行对照。给定初始条件和仿真时间，则可求得结果，因而只要对不同的车辆采取不同的参数，以及给定初始条件，在程序基础上加入相应变量数，可实现对车辆相应系统的仿真，这对车辆动力学问题的仿真有着积极的作用。

参 考 文 献

[1] 余志生. 汽车理论 [M]. 北京：机械工业出版社，2009.

[2] 陈家瑞. 汽车构造 [M]. 北京：机械工业出版社，2005.

[3] 崔胜民. 新能源汽车技术 [M]. 北京：北京大学出版社，2009.

[4] 王文伟，毕荣华. 电动汽车技术基础 [M]. 北京：机械工业出版社，2010.

[5] 过学迅. 车辆工程（专业）概论. [M]. 武汉：武汉理工大学出版社，2013.

[6] 鲁植雄. 车辆工程专业导论 [M]. 北京：机械工业出版社，2017.

[7] 张国方. 汽车服务工程概论 [M]. 武汉：武汉理工大学出版社，2008.

[8] 王定标，向飒，郭茶秀. CAD/CAE/CAM 技术的发展与展望 [J]. 矿山机械，2006（5）：115 - 118.

[9] 张涛依，张会玲. 我国机械 CAD/CAM 技术应用研究综述 [J]. 机械制造与自动化，2008（1）：89 - 90.

[10] 郭桐. AutoCAD 软件在汽车专业机械制图中的应用 [J]. 电子技术与软件工程，2015（20）：78.

[11] 韩志震，马壮，江培蕾. 浅谈 AUTOCAD 的特点及其应用分析 [J]. 黑龙江科技信息，2008（1）：52，158.

[12] 左成柱，姜妍，惠洪杰. CAXA 和 AutoCAD 在机械设计绘图中的应用 [J]. 风机技术，2012（2）：50 - 51.

[13] 马辉. CAXA 软件在机械数控加工技术中的应用 [J]. 现代制造技术与装备，2017（5）：122，178.

[14] 吕名伟，阮娟娟. CAXA 软件在机械数控加工技术中的应用 [J]. 山东工业技术，2018（1）：123.

[15] 李宏艳. 基于 CAXA 软件的复杂曲面加工（制造）方法与技术 [D]. 天津：天津大学，2016.

[16] 刘一兵，刘国华. ANSYS 的关键技术及热分析研究 [J]. 重庆科技学院学报（自然科学版），2008（6）：104 - 107.

[17] 王凤丽，宋继良，谭光宇，等. 在 ANSYS 中建立复杂有限元模型 [J]. 哈尔滨理工大学学报，2003（3）：22 - 24，28.

[18] 高兴军，赵恒华. 大型通用有限元分析软件 ANSYS 简介 [J]. 辽宁石油化工大学学报，2004（3）：94 - 98.

[19] 董君. Matlab 语言的特点与应用 [J]. 吉林省经济管理干部学院学报，2009，23（05）：60 - 63.

[20] 孙维汉，孙宏侠，陈俊武. 基于 MATLAB 汽车动力学仿真研究 [J]. 公路交通科技，2007（03）：136 - 140，144.

[21] 罗文俊,蒋先刚,李中奇.MATLAB在车辆动力学中的应用研究[J].华东交通大学学报,2004(5):8-11.

[22] 陈英樯.汽车行驶动力性分析与研究[J].内燃机与配件,2017(22):40-41.

[23] 毛吉伟.汽车制动性能评价与制动性能检测研究[J].南方农机,2017,48(10):48.

[24] 张丽霞,夏永凯,张辉,等.汽车操纵稳定性优化设计研究综述[J].山东交通科技,2017(6):21-24,31.

[25] 孙领霞.关于汽车发动机构造与维修实训课程教学的探索及分析[J].汽车与驾驶维修(维修版),2018(8):111-112.

[26] 陈永发,姚凛,郭俊财,张志顺,李慧慧.汽车点火系统的发展[J].时代汽车,2017(16):13-14.

[27] 欧阳明高.中国新能源汽车的研发及展望[J].科技导报,2016,34(6):13-20.

[28] 刘卓然,陈健,林凯,等.国内外电动汽车发展现状与趋势[J].电力建设,2015,36(07):25-32.

[29] 王江,王光辉.中国电动汽车技术演进分析:行动者网络视角[J].科技进步与对策,2018,35(11):60-68.

[30]《中国公路学报》编辑部.中国汽车工程学术研究综述·2017[J].中国公路学报,2017,30(6):1-197.

[31] 欧阳和平.汽车新技术的应用现状与发展趋势研究[J].科技传播,2014,6(8):61,49.